雁阵　上帝打造的最优秀团队

奥斯卡最佳纪录片《迁徒的鸟》姊妹篇

伟大之翼
THE GREAT WING
——雁群迁徒的启迪

[美]路易斯·A·塔塔格里亚　著

李京平　译

华艺出版社
HUA YI PUBLISHING HOUSE

"人"字雁阵

——上帝打造的最优秀团队

每逢秋季的到来，大雁都进行有组织的生命之旅——迁徙。迁徙过程中，大雁都会结成"人"字雁阵由北向南飞。他们飞越数千里，到达南方温暖的越冬家园。据观察，没有一只雁子脱离团队而能单独飞翔几里以上。为什么大雁单独飞翔飞不了几里，而结队就能够飞越数千里？"人"字雁阵究竟暗藏着多少奥秘？这其中的道理固然可以从空气动力学的角度得到一定的解释，但更重要的在于雁群有强烈的雁群意识和完美的协作精神。在"人"字雁阵中，左边较弱，队伍比较短，由雁群中体力较弱和比较年轻的雁子组成；右边较强，队伍较长，由比较强壮的雁子组成，整个雁阵由其中最年长的雁子领队。较强之翼是整个雁群的中枢，它负责为整个雁阵的飞行提供动力。这一端的飞行特点是飞行中雁子不断地换位，每个雁子轮流充当领头雁，在换位过程中他们不仅需要具备娴熟的飞行技巧和默契的配合，更重要的是每个雁子心中要拥有雁群意识，不能有任何的分心，并且不断齐声鸣叫，以期保持飞行的协调一致和同伴间的互相鼓励。这就是上帝为我们打造的最优秀的团队，是大雁奉献给人类的团队精神的经典案例。这一精彩绝伦的案例，就来自于《伟大之翼》一书。

本书向我们形象地展示了：团队的目标与个人的目标，团队的发展与个人的发展，团队中个体的个性与团队特性的关系，团队中个体之间的关系，团队的领导是怎么样形成的，什么样的人适宜担当团队的领导，领导与团队成员之间的关系，团队的活力是怎样产生的，团队创新的源泉和团队持续成功发展的秘诀等。

当今企业所面临的环境同大雁相类似，季节总会变化的，企业面临着国内和国际的竞争，发展中不可避免地遇到不可预测的种种困难和挑战。在这一过程中您不希望您的员工更有创造力，更有协作精神吗？您不希望您的企业更具有挑战性、具有神奇的协作优势和更具有竞争力吗？

如果您希望是这样，那就请您认真研读研读《伟大之翼》一书吧！它会为您企业的发展插上腾飞的双翼。

渴望逃避

数千年来，每到迁徙时节，北部湖区的大雁就会成群结队地南飞，飞到南方的切萨比克湾——他们冬天的居所。迁徙中，没有一只大雁可以独行，哪怕只是飞上几英里；所有的大雁都会天然地组成一个飞行的队伍，这个队伍的阵容非常独特，而且壮观。

科学家试图用空气动力学来解释大雁成队飞行的原理，但令他们迷惑不解的是，这些队列究竟是怎么形成的呢？整群的大雁几乎本能地排列成一个"人"字，就好像一只巨雁伸展的两翼。

在这"人"字型的两排队列中，"丿"的那排大雁比较柔弱，主要是由年老体弱和年龄幼小的大雁组成；"乀"的那排比较强壮，主要是由年轻力壮的大雁组成。较强壮的大雁要在迁徙中承担起非同一般的压力。在秋天来临时，是他们将整个雁群安全地带到南方的新家。

季节的变化对大自然中的每个个体而言，意义都是不相同的。年幼的一代，从中体认到生命的丰富多彩；年老的一代，

1

则在这万物恒变中得到一种慰藉。但是，对于我们这个故事的主人公——小雁子"高玛"来说，季节的变化不只是一种神奇，同时也让他感到莫名地心神不宁，忐忑不安。

整个夏天，周围的环境似乎没有什么变化，一切都是那么地美好。可是近来几天，大自然似乎变得有些不一样了。高玛注意到，绿色的叶子中渐渐多了些红色和金色，他还注意到，白天在渐渐变短，黑夜在渐渐变长。身边的雁子们都有些躁动不安；大雁爷爷也在忙活着，准备带高玛参加集体飞行训练。每只幼雁在第一次迁徙之前都要掌握基本的飞行本领，我们的高玛也不例外。

对于高玛来说，"纪律"这个词听上去可不那么令人愉快；他实在想不出这东西有什么用处。展翅飞翔就应该是自由的嘛——摆脱生活的烦恼，抛开任何的责任——没有任何的纪律可言，应该是一种完完全全的自由。

高玛看着雁子们在为迁徙做着准备，可是他却说不清自己是否真的想离开这片美丽的湖区，飞往另一个陌生的地方。这个夏天高玛玩得太开心了，整天和小伙伴们在一起，玩水、捉鱼、嬉戏——尽管白天变得越来越短，湖水也越来越凉，他们依然玩得兴致勃勃。

那些年长的雁子近来一直在谈论雁群的迁徙之旅，而他们经常讨论的是"群雁意识"。高玛打心眼儿里不想接受这些条条框框，他也懒得去理解大人们的话，觉得这样的长途跋涉实在超出他所能理解的范围。尤其让他想不明白的，就是所谓的"群雁意识"。究竟什么是"群雁意识"呢？有的年长的雁子称之为"团队至上"，有的又把它叫做"群雁思维"，而高玛的爷爷又把它叫做"伟大的雁群"。这么多不同的名字，把高玛都搞糊涂了。高玛有些着急，如果连大家在讨论什么都不知道，怎么和大家一起迁徙呢？

高玛知道，大自然年复一年地为雁子们准备了一份厚礼——南方的那个美丽的家。可是在他看来，这并不能保证今年也会如此。雁群中年长的雁子好像对此深信不疑，他们相信

等候他们的是一个美丽的宫殿。他们告诉高玛，凭着本能，雁子们就能感觉出那个地方是多么地诱人和富饶。

无论别的大雁怎么说，高玛仍然半信半疑。"不太可能吧？"高玛记得爷爷曾经告诫过他一定要和大家一起往南飞，否则他将在这里面临着寒冷的威胁，经受无穷无尽的苦难。以前那些留下来过冬的雁子，现在都杳无音讯。他们的小窝根本抵御不了严冬的摧残。寒风一刮，他们自以为坚固的堡垒就会招架不住而垮掉。虽然高玛对迁徙还心存焦虑，但他从每只大雁的举动中能看得出来，迁徙比留下过冬要好得多。季节的变化真是奇妙，无形中让高玛感到一种压力，迫使他去着手做一些事情，即使他现在还不清楚自己应该做什么。可是，对于那个长途跋涉，高玛觉得自己无论如何也做不到。

很长一段时间，高玛的爷爷一直让他为迁徙做准备。据说只要雁群把"群雁意识"发挥到极致，长途的飞行就不再费力。高玛听说过很多类似的说法，但他还是将信将疑。爷爷很理解高玛的困惑，轻声安慰道："别担心，我的孩子。当我们开始了伟大之旅，飞往冬天的家，你的本能会帮助你建立起心中的'群雁意识'。"爷爷的这番话从那时起，就久久地回荡在高玛的耳际……

"万雁一心"

　　眼前的一切让高玛困惑得透不过气来。他很怀疑雁群是否能够达到"万雁一心"的境界。更加令他费解的是，雁群竟然可以凭借本能组成独特的迁徙阵容。这"万雁一心"究竟是如何形成的呢？高玛的疑惑不无道理：首先，从来没有一只雁子能够向他解释如何才能达到"万雁一心"的境界；第二，他甚至不知道所谓的"迁徙"究竟指的是什么。高玛只是从那些年长雁子的只言片语中隐约感觉到，迁徙的路程中将会遇到很多的困苦和艰辛。高玛知道，这条路上一定充满了危险，整个雁群也将面对无数不可预见的困难和挑战。

　　高玛漫不经心地绕着池塘飞翔，翅膀慵懒地滑过水面。他不断思考着神奇的"万雁一心"这个玄妙的词汇。他一遍又一遍地问自己："万雁一心究竟是什么呢？怎么才能实现呢？只要我达到了这个境界，就会了解它了吧？难道继续练习已经掌握的飞行方法对我来说还不够吗？"爷爷曾经建议高玛去学习不同的飞行方式，比如说，在飞翔的时候先让自己减速然后再加速，或者也可以在池塘里游游水，让翅膀锻炼得更有力量。

高玛记得爷爷说过，平时的练习都不是最终目的。"总有一天"爷爷说，"你此刻所学的飞行技巧，可以用来保护整个雁群平安过冬！"

高玛想："爷爷并没有开玩笑。为了确保整个雁群可以平安过冬，我必须和其他的雁子分享学得的飞行技巧。可是，眼下的这个季节有什么不好呢？我们为什么要苦心去改变生活呢？我只想留下来继续玩啊！"。高玛想着想着，正巧一阵冷风吹过。唉，天气确实变凉了。高玛打了个哆嗦，游到岸边，开始沉思起来。

"有一点是肯定的，"高玛对自己说，"就是当整个雁群都齐心为迁徙而努力时，就会自然而然地达到'万雁一心'

的境界，同时雁群中大多数的雁子会产生所谓的'群雁意识'。"当然，高玛想到这些字眼也只是鹦鹉学舌。"估计当我们之中的很多人开始为迁徙感到担心时，神奇的事情就会应运而生吧！"高玛觉得自己的想法很幼稚，他无法理解这一切。但高玛清楚，他非常渴望留下来过冬。可是这个想法又带给他一种莫名的孤独。

　　雁群中的"大人物们"在整个夏天总是飞来飞去的。他们尽情享受夏天美好的时光，但他们接下来也须忍受这可怕的长途飞行。"大人物们"似乎还挺喜欢这段旅程的。听他们说，只要你亲身经历过一次迁徙，就会发现，一旦开始飞行，就可以毫不费力地飞一整天，就如从烟囱中升出的一缕轻烟那么轻松。显然，"大人物们"所谓的"毫不费力"是有秘诀的。高玛很想知道这个秘诀到底是什么，他在琢磨，自己是否也能将它掌握。

"伟大之翼"

　　和大多数雁子一样，高玛也是在这片北方湖区长大的——幽静的树林，诱人的池塘，轻快流淌着的小溪——这里真是个诱人的地方。雁子在劳伦斯山脉的丘陵地带筑巢，度过愉快的夏天。可是一到冬天，湖面就结了冰，厚厚的雪落在冰面上一如松软的毯子。整个湖面安闲地沉睡着，仿佛在等候大自然为她注入春天的活力。春天，正是小高玛出生的季节。湖边的草地上，露水晶莹闪亮，花儿争香斗艳，仿佛是大自然做好准备在迎接小雁子的降生。就在这繁花春水中，小雁子慢慢地学会了飞翔。他们觉得生活是那么的美好，大自然以它无尽的变化取悦着这些小家伙，赐予他们在成长过程中所需要的一切。

　　北方湖泊孕育着生命，这富饶的环境是雁子赖以生存的家。正是在这里，小雁子们尝试了有生以来的第一次飞行，展开小翅膀享受到了飞的畅快。春天过去，盛夏来临，小雁子渐渐强壮起来，可以在北风中自由地翱翔。我们的小高玛也不例外，他羽翼渐满的翅膀积累着力量，只要激发起斗志，高玛飞翔的本能就会驱使他冲向凛冽的北风。

　　大自然赋予每一只雁子驭风的能力，但是小雁子意识不到。老雁子都知道，只有经历了一次迁徙，小雁子们才能逐渐认识自己，同时他们也会慢慢懂得"万雁一心"的重要性。如果单独练习飞行，小雁子需要很久才能掌握迁徙时的技巧，但在亲人和朋友的保护下飞行，情况会好得多。可以说，在迁徙中大雁总是相互依存的，他们紧紧地团结着，群集而飞。夕阳西下，经常可以看到一队队的大雁滑翔在天际，翱翔在金色的霞光中，穿过日与夜的交界。

　　雁子群飞，展现出大自然神奇的力量——也就是雁子们所说的"伟大之翼"。雁群从刚一开始迁徙，就形成两列，强壮的雁子组成的"较强之翼"努力带动较弱的雁列。左右两队最主要的区别在于，组成"较强之翼"的大雁需要不时地交换位置——队尾的雁子要一点点地加速，超过他前面的雁子，最终超过队首的雁子，替换领队的位置。高玛清楚自己的能力，他会被安排在"较强之翼"，因此在飞行中，他无法避免地要担任领头的角色，指挥整个雁群的飞行方向。"较强之翼"是整个雁群的中流砥柱，他们飞行时所形成的升力可以协助较弱的雁子；落在后面的雁子可以借助前面的雁子产生的气流飞翔。这样巧妙的队形是雁子之间完美协作的体现。每一只雁子都遵守着规则，而这一切都出自于那神奇的"伟大之翼"。

　　在成长过程中，几乎所有的生命都会怀疑自己是否被赋予了继续生存下去的能力。事实上，这个能力就在我们体内，只是我们不知道而已。高玛也会时常怀疑自己，"我有迁徙的能力吗？"他自问。高玛甚至有些害怕得到答案，他仍然渴望留下来过冬，过着无忧的生活，而不用去和其他的大雁一同参加训练。

"我就是要留下来！"高玛想。正在这时，他感到一阵冷风袭来。高玛抬起头，正巧和爷爷的眼神相遇，那目光充满了慈爱与睿智。高玛信赖爷爷，因为爷爷永远会了解他、关心他。不仅高玛相信爷爷说的每一句话，雁群里的其他雁子也常常飞来征求爷爷的意见。

"'伟大之翼'是永恒的。"爷爷说，"它既是我们的本能，也是我们雁之为雁的本质。它永远都不会离开我们。如果雁群的领袖突然去世，或是有同伴离开我们而加入别的雁群，我们也许会怀疑'伟大之翼'的存在；如果雁子的数目变化太大，我们也会感到惶恐，害怕失去"伟大之翼"。但是只要我们组成飞行的队伍，开始伟大的旅程，我们就会意识到"伟大之翼"不仅没有消失，而且是一直深深地埋藏于我们心中。它会自然而然地呈现，并且一直跟随着我们。在迁徙的过程中，不论你是飞行在队伍的哪一边，都会和雁群有机地结合起来。"

高玛觉得爷爷的话很令人费解。他看了看自己的翅膀，心里嘀咕起来："如果我的每一支羽毛都产生了那个所谓的伟大'意识'，它们就能形成一对有力的翅膀么？就能带着我在队伍中与大家一起飞么？"高玛还是不太相信。他觉得自己所掌握的技能还不足以产生"群雁意识"，他的翅膀，不仅不会成为"伟大之翼"，而且还会在长途飞行中因为力量不够而酿成悲剧。

究竟什么是"群雁意识"和"伟大之翼"呢？爷爷向高玛解释道："如果你试图理解'伟大之翼'，单独的飞行训练只能导致失败，而失败总会带给你一种强烈的挫折感。不过，我们必须经历一些挫折才会有所感悟，就是我们常常说的'吃一堑，长一智'。而只有改变原来的思考方式，你才能理解这一切。对于一个个体而言，'伟大之翼'的境界不是不可以达到，即使达到，效果也总是很有限的。这是一个群体的行动。因而，'伟大之翼'的力量只有在雁群迁徙时才体会得到。它能够让你毫不费力地高速飞行。这种感觉真是非同凡响，如果你做到了，就表明你已经掌握了'伟大之翼'的精髓。"

爷爷一板一眼地继续说道："你要相信，'伟大之翼'一定会形成。季节的改变会让每个雁子的注意力都集中在'群雁意识'上，继而坚定了大家的信念。我虽然无法解释这一切，但事实确是如此。你越相信'伟大之翼'的出现，你就会越觉得身边的风都在改变着方向，吹向南方，为你指出了正确的迁徙方向。但是，你要知道，风从来没有改变过，改变的只有你自己。"

"如果我们坚定了心中的这个信念，那么在迁徙中，我们就会本能地用一种让自己惊讶的力量高速飞行，这就是由'群雁意识'指导下的飞行。此时你才开始意识到自己已经达到了'伟大之翼'的境界，你的双翅已经充满了无限的力量！"

爷爷沉默了一会儿，昂头远望着遥远的天际。"那是一个群拥而起的时刻，一个令每一只大雁永世难忘的时刻！你会在一瞬间感觉到自己充满了力量与活力，你的所有潜能都释放了出来。你会惊讶地发现自己竟然可以毫不费力地高速飞行，"爷爷微笑着看着高玛："是'伟大之翼'让你的潜能充分地发挥，使你高速地飞行。但是你还要做一件事情，就是去获得雁群中其他雁子对你的信任。"

"当然了，相信自己也是成功的重要因素，"爷爷紧接着说道："不过能和那些信任你的雁子一起飞也是很重要的。你要让其他的雁子相信，你有获得'群雁意识'的能力，然后加入到他们中间去，大家齐心协力，一同迁徙。高玛，你要知道，即使在你怀疑你自己的时候，我们也都是相信你的。"说到这，爷爷的表情变得严肃起来，"千万不要被表象所迷惑。即使是在'伟大之翼'引领下迁徙的雁群，在飞行中同样会遇到困难，踌躇不前。但是只要坚定'伟大之翼'的信念，它就可以调节你的心态，帮助你发挥最大的优势，渡过难关。高玛，在训练和迁徙中，无论遇到什么都一定要牢记它。"

"去年的这个时候，有一只年轻可爱的雁子加入了我们的队伍。她总是独自在空中飞翔，迷人的姿态吸引了不少艳羡的眼光。可是当雁群准备迁徙的时候，这只可爱的雁子就慌了神，那原本富于诗意的飞行动作却无法带她飞向远方的新家。她鼓足了勇气，一次又一次地纠正自己的动作，让不听使唤的翅膀一次比一次变得有力量。我们从她身上看到了这样一个道理——逆境和奋斗是孕育潜能的种子，绝望却可以带领一个人迈进成功之门。为了让我们自身变得更强大，首先要做的是不隐瞒自己的弱点。我们目睹了她挣扎之后的成长才发现，唯有谦逊才能塑造真正的伟大。这个态度的转变对她而言并不简单，但是，正是她所经历的磨砺和考验帮助了她，让她最终成为一只'高雅之雁'。从那以后，我们都叫她高雅。"

爷爷正说着，高雅正巧迎面走了过来。她看着这位智慧老人和他的小弟子，笑着说道："爷爷说的这个转变是很痛苦的。你必须痛下决心改变自己原有的飞行习惯。这时你会发现，还有那么多的技能没能掌握。你现在会觉得没有什么困难能难得了我，仿佛所有的挑战我都可以轻而易举地克服；但是，就像爷爷刚才和你讲的，我并非一开始就那么得心应手。我也曾经怀疑过，迷茫过，也尝过失败的滋味。有一段时间，不管我如何努力都无法跟上整个飞行队伍，我的翅膀总是无法协调一致，经常阻碍我顺利飞行。虽然我可以一路飞到'较强之翼'的最前面，但是我要竭尽全力才能勉强保持住，因为我并不知道该如何换到队伍的后面，让自己略微休息。

"真正有趣的是，只要相信自己的直觉，当你从群雁之首的位置落下来的时候总会感到有一股气流在助你一臂之力。当你快要坚持不住的时候，只需稍稍减慢一下速度，让自己落到队伍的后面，就可以乘着前面大雁的升力飞行。从队首落到队尾，本来是件可怕的事。但是你知道，飞在你前面的雁子一定可以协助你继续飞行。这种畅快的心情是很难用语言来形容的。"高雅看到高玛害怕的眼神，笑了起来："你不久就会学到如何从队伍的前面移到后面，以及如何调整自己的飞行速度。千万不要把迁徙想得过于艰难。一定要记住啊小高玛，一旦你体力不支，从队首开始下落，'较强之翼'就会用飞翔的气流将你接住，协助你继续飞行。"

13

"高玛，"爷爷说，"刚开始面对这一切时，你也许会觉得自己一无是处，很有挫败感。但是你一定要记住，挫败的感觉正是表明你自身在经历着变化。这是一个短暂的过渡期，'伟大之翼'一直默默地影响着你，改变着你，将你提升到一个新的境界，使你在飞行能力上几乎达到拥有'群雁意识'的高速飞行。"

　　爷爷正说着，雁群中最有魄力的人物——雁老大，正趾高气扬地走到他们面前。"高玛，你要知道，飞行的真正乐趣就在这里，雁群迁徙的整个旅程也会因此变得非常有趣。"雁老大接着爷爷的话继续说下去。"但凡经历过迁徙的雁子都认为，飞在队伍的最前面，带领整个雁群飞翔是最快乐的时刻，同时也是最从容最兴奋的时刻。"

　　"但是雁老大在一开始的时候也不是这么认为的吧，"爷爷打岔道，"雁老大是整个雁群中最强壮的，这归功于他总是飞到队伍的最前端。"

　　"是啊，在前端飞得越久，就越辛苦。"老大直率地说，"如果你飞在'较强之翼'的最前端，领导着整个雁群，你就不得不单独应对很多危险。你必须竭尽全力地为后面的雁子领路。如果你三心二意，你的力气反倒会很快地消耗完，而你的身体也会在高速飞行中失控。"他停了停，继续说道："当你飞在'较强之翼'时，如果你的心中没有'群雁意识'，你就不可能飞到群雁之首的位置。'群雁意识'可以减少你身体能量的消耗，即使带领整个雁群，你也可以保持高速飞行。"说到这儿，雁老大扭过头去问爷爷："这个小家伙已经学会如何在'较强之翼'飞行中往前移动位置了吗？"

"还没有呢！"爷爷说。

雁老大沉默了一会儿，继续说道："高玛，如果你丢掉'群雁意识'，哪怕只有一刹那，你前进的征程中就会遇到阻碍。甚至连风都会改变方向，迎面呼啸而过，和你作对。但事实上，如果你换个角度想想，强风正是你最伟大的老师，是它给予你力量。事实上，风从来没有改变过，改变的只能是你自己。如果你飞在队伍前端，并且和'伟大之翼'和谐统一，你将会被赋予无穷的力量。我今天和你说这些，并非是我杜撰出来的，而是我所亲身经历过的。"说完之后，雁老大就转身飞去，转眼间就不见了，只留下爷爷、高雅，还有困惑中的高玛。

雁老大，勇中之勇

"呵呵，有时雁老大看上去可能会比较傲慢，"爷爷说，"但是，如果你了解了他的经历，你就会理解，为什么他总是趾高气扬地走来走去，到处向其他雁子说教。他是在上一次迁徙中荣获'雁老大'这个头衔的。通常一只雁子在其一生中，只有一次机会可以得到这个荣誉。只有那些曾经借助自己的胆量和智慧，在飞行中化险为夷，带领全体雁子顺利迁徙的雁子才能获得这个荣誉。这是我们雁子的最高荣誉。"

"他可不是一出生就拥有雁老大这个称号的。在上次迁徙之前，他的名字还叫做迈克尔，那个时候他只是一只默默无闻的小雁子而已。"爷爷说："高玛，你现在知道了吧，开始'伟大之旅'之前，没有人知道这次迁徙的'雁老大'会是谁。每只雁子在一开始迁徙时都不会想到也许那个荣誉将授予自己。大家都会紧张、不安，只希望自己能在队伍中踏踏实实地安身立命就够了。"

"就拿爷爷自己来说吧，我也有过童年，我也曾经历过你现在所面临的困惑，经历过你即将面临的挑战。年幼时，飞翔对我来说是再愉快不过的了，我可以尽情玩耍、嬉戏。现在想想，那段时间的的确确是我人生之中的黄金岁月！那个时候的我，双翅仿佛充满了无限的活力，经常以令人屏息的速度掠过湖区的上空。我喜欢在空中翻滚打转，时不时地来一个俯冲，冲向地面上的雁群。所有的雁子都以为我会在空中失控而摔到地上，没想到我突然来个急转弯，快速飞越雁群，再升入高空。大家每每看得目瞪口呆，让我很是得意。当时我觉得飞翔只是为了寻找乐趣，而生得这对翅膀，只是为了在空中展现我的英姿。我的长辈也因此责备过我，但是我从没有把他们的话当真。我感觉他们嘴上虽然这么说，但内心肯定很佩服我的飞行技巧。我后来才明白，其实他们是认可我的力量的，他们责备我是因为我的态度。我从没想过自己身上的力量和潜能，还有我操控飞行的直觉，都是上天赐予我服务全体雁群的。我更没有想过，后来的我会在迁徙的过程中运用这些力量帮助其他的伙伴迁徙。"

爷爷的声音变得更加和蔼了："高玛，当我们刚开始学习飞行的时候，也许并不能真正理解为什么要学习这些本领。但是北方的气候等不到我们的理解，就一天天地渐凉了。"

"当第一次迁徙到来的时候，我已经学会了所有必要的知识和技能，同时也做好了心理准备。尽管内心有些忐忑不安，但我已经下定决心要和大家一起迁徙——没有什么事情可以阻挡我，让我改变主意。不过说实话，在我的初次迁徙的途中，我确实很心惊胆战。和大家一起飞并不困难，但是每当我想到，任何人都有可能在暴风雨来临的时刻飞到领头的位置，带领这个雁群，我就十分害怕——万一轮到我当雁老大，该怎么办？高玛，你知道么，每年雁群迁徙时，几乎都会经历一两次的暴风雨袭击，扰乱整个雁群的飞行。在混乱和危机之中，如果雁老大没有坚守'群雁意识'，放弃了'伟大之翼'的力量，那么整个雁群就有可能"

爷爷继续说，"当可怕的暴风雨来袭时，我们不可能像平常飞行那样不断地轮换位置。也就是说，处于群雁之首的大雁就不能换在后面去休息。他不得不坚守自己的岗位，直到暴风雨过去。如果在暴风雨中，领头的大雁意志不够坚定，无法高度集中精力去搏击，那么整个雁群的阵队就会被打乱，所有的雁子将会因此体力不支。因此，不论领头的雁子当时是多么痛苦和绝望，他都必须勇敢面对现实，继续作好头领，带领大家接受残酷的挑战。而在最恶劣的气候中挽救了整个雁群的雁子，理所当然将被授予'雁老大'的头衔。"

"高玛，迁徙之前，每一只雁子都要知道这样一个准则：你也许从来未想过要成为老大，但是如果暴风雨来袭时，你正好处在头领的位置，那么请你一定要坚守岗位，直到暴风雨结束。每只雁子的心中都必须坚守着'群雁意识'，特别是作为头领的雁子——因为在迁徙中，不仅头领自己的生命要靠其坚强的意志力来把握'群雁意识'，甚至于整个雁群都是。他必须让'伟大之翼'通过他自身来表现出无穷的力量，并且在整个迁徙中带给雁群以无穷的力量。"

爷爷深切地看着高玛，"你要想像自己就是雁老大，并且大声地告诉自己：我一定会成功地带领雁群通过暴风雨的考验。"爷爷停顿了一下。"在你飞到了群雁之首的那一刻，我相信你一定会将自己的能力发挥到极致，克服眼前的种种困难，在雁群中树立一个坚毅的典范。你一定能表现出让人钦佩的胆识和力量，但你的谦逊紧接着会告诉你，任何一只处于群雁之首的雁子都会表现得如此出色。"爷爷踱了几步，若有所思地自言自语道："当我第一次听到雁老大的奇迹时，我就想，那老大永远不可能是我，一定是其他更强壮的雁子才有资格。我怎么可能做到在暴风雨来临之际还坚守住'群雁意识'，带领大家闯过难关呢？"

高玛很惊奇地注意到爷爷此刻看上去是如此的富有活力。他看到爷爷在徐徐地点头，缓缓地微笑。突然他意识到，爷爷其实是在和自己的内心对话。于是高玛静静地听着，并等待爷爷下面的话。

"在面对暴风雨袭击时，某些雁子可能会因为畏惧而体力不支，他会因此而掉队，面临死亡的威胁。此时，如果雁群的头领想救起这只雁子，他就必须在意志上坚守'伟大之翼'，精神高度集中，带领'较强之翼'，用雁群在飞行中产生的举力接住这只雁子。但是，如果头领的意志力不够坚强，那这只掉队的雁子只会离队伍越来越远，从此失去踪影。高玛，你知道么，如果没有救起这只雁子，雁群所遭受打击不止是失去一只雁子，"爷爷看了看高玛，这小家伙此刻是一脸的慌张，"你要知道，失去了一只雁子，飞在他后面的雁子也面临着生与死的考验。原先的跟随者必须使出比平时更大的力气，更努力地集中精力，才有可能跟上队伍，免于成为下一个掉队者。

这就像一条长长的铁链，其中断掉的某一环可能使得整条铁链不复存在。如果头领没有足够的力量，动摇了'伟大之翼'信念的话，他无论如何也不可能加速飞行，更不可能飞到头领的位置，带领雁群。"

爷爷仰起头，望了望远方的天空，放慢了语速："高玛，在暴风雨来临之际，那只无所畏惧的领头雁，可能就是你啊……你也许正巧飞到了队首，要带领整个雁子飞行。这是一个巨大的挑战。如果你接受了挑战，你的整个生命将会进入一个新的境界。可是如果你退缩了，如果你跟着雁群中惶恐的雁子一起害怕得颤抖，等待你的只有死亡。而那个敲响丧钟的人就是你自己。"

爷爷低下头看着高玛。"如果领队的雁子在暴风雨中退缩甚至掉队，只有特别出色的雁子才有能力在这个危机时刻冲上前去，代替头领的位置。理论上讲，后飞上来的那个头领是可以带领全体雁子去营救落队者的。但是，这么做实在太危险了，因此只有那些真正伟大的领头雁才有胆识冒险搭救他的朋友。

"如果想去搭救落队的朋友，你必须先保证自己坚守住'伟大之翼'的信念。同时，要让自己无所畏惧，将对同伴的爱作为你的行动的动力。"爷爷望着高玛说道："你要相信自己，这些都是可以做到的。"爷爷点了点头，神情有些严肃。

"去年，雁老大就是带领雁群战胜暴风雨的头领，他仿佛很轻松地完成了使命。按照传统，在每次迁徙之后所有的雁群会聚集在一起召开雁群大会。在这个特别的会议上，我记得自己说了这么一段话：'虽然我们面临了前所未有的危险，但是你却表现得很镇定，我们看来不可思议的事，你却轻而易举得做到了。'当时雁老大谦虚地说，他所做的任何人都可以做到，并没有什么伟大的。此时，另一只雁子站出来，说他亲眼看到老大在危险的情况下挺身而出，自愿飞到了领导的位置，接受风雨中非同一般的挑战。于是，所有的雁子都向他致敬，因为是他自己选择了雁老大这个岗位，并且做得很出色"

"那真是一个非常精彩的集会，迈克尔，也就是现在的雁老大，要在大会上进行发言。这是我们大雁的传统。在每一次迁徙中，雁老大都有责任将自身的宝贵经验及智慧传授给所有的雁子们。雁老大不仅通过迁徙中的表现，同时也通过雁群大会上的发言，来向整个雁群展现'伟大之翼'的精髓。我记得当我像你现在这个年纪第一次参加迁徙之旅时，当时的老大教会了我们只有在特定迁徙中才用得到的高速飞行技巧。这些知识和技巧，可以在下一次的迁徙中派上用场，化解眼前面临的危机。"

"高玛，我们经常会在迁徙之旅的最后几百英里遇见暴风雨。在这最后的一段艰难路程上，各个不同的雁群会聚集在一起，组成一个巨大的雁群。这个时候会有一只雁子，带领这个巨大的雁群，成为几个雁群的老大。所以在之后的群雁大会上，这个老大就要将自己的经验传授给他带领过的所有雁群。当然，这种情况很是少见，所以你不必为这个再伤脑筋啦。"爷爷正说着，一阵凛冽的北风吹过，高玛冻得竖起了羽毛。

此时，雁老大从一旁经过，正好听到爷爷讲的故事。他很温和地说道："其实原先我根本不想做雁老大，但是当我意识到自己必须接下这个担子的时候，我并没有退缩。每只雁子在第一次迁徙之前都会紧张、害怕，我也不例外。对未来的飞行，我的心中充斥着恐惧；我担心自己飞得不好，无法完成上天交给我的任务；我怀疑自己是否能够克服即将面临的挑战；我害怕想到自己会当群雁之首，只希望自己能平平安安地熬过这次迁徙。但是，当我真正加入了雁群，确定了自己在队列中的位置，我发现做雁老大的念头总是会闪现在我的脑中。迁徙开始了，而我正一步步地沿着所有雁老大们曾走过的路摸索。'或许我就是这次迁徙的雁老大'，我心里想着。结果果然如此。"说到这，老大很绅士地笑了笑，然后给高玛讲述当初他是怎么带领群雁去搭救掉队的雁子的。而这只雁子不是别人，就是高雅。"为了帮助你所爱的人，你会竭尽全力地挖掘自己的潜能。这确是个令人兴奋的经历。如果为了雁群的安危，你能挺身而出，飞到群雁之首带领雁群克服危险，这个经历你将永世难忘。"

又一阵冷风吹过，高玛又是一阵发抖。雁老大却全然感觉不到，他继续说道："在整个旅程中，我的脑中总浮现出雁老大应有的英姿和气魄，幻想着雁群顺利地战胜暴风雨。这使我的注意力高度集中，程度之高让我自己都觉得惊讶。我置身于这美妙的幻象当中，因此当暴风雨来临之时，我勇敢地领导着雁群与之搏斗。但是到了最后，我还是坚持不住了。恐惧、怀疑和焦虑将我包围，让我的翅膀一下子没有了力量。猛然间我才发现，自己已经从领头的位置掉了下来。于是我什么也不顾了，拼命地飞，追赶其他的雁子。我险些就这么掉了队。现在回忆起这些来挺有意思的，但是当时我被吓坏了，觉得一切都完了。"

"每只大雁都梦想着当雁老大，"爷爷插进来，说道："但如果他们自己真地做了老大，就知道了这个位置需要承担多少责任，需要承受多大压力。我猜你当雁老大时一点不轻松吧？""一点不错，"雁老大点头同意。高玛在一边默默地咀嚼着他的这番话。

寒风刺骨，高玛的羽毛在风中微微颤抖。他突然有种想飞的冲动，哪怕只是飞一小会儿。老大似乎看出了他的心思，奋力拍起翅膀，鸣叫着。高玛也舞起翅膀。转眼之间，这两只雁已经双双在空中翱翔了。

"我还记得自己小时候，第一次听说雁老大的事之后，我很惭愧，觉得自己实在是孤陋寡闻。"在空中，雁老大对高玛说："我完全不相信自己的能力，觉得自己根本没有资格担任队伍中的重要职务。我只能偶尔凭着自己的直觉，随意地飞。但幸运的是，当时的我和你一样，在需要的时候有几位令人尊敬的老师陪在我的身边，帮助我。"

他们绕着湖面飞行，沿着螺旋状的轨迹慢慢攀飞。高玛在高空可以看到远方有四、五只雁子正在练习如何加速，其他的雁子也都各自忙着练习新的技巧。放眼望去，没有一只雁子在闲着，大家都在为迁徙做着准备。高玛继续跟着雁老大，他们飞得很快，而且持续地往上攀升。雁老大似乎想让高玛看看整个雁群都在做什么。

这时老大渐渐放慢了速度。"你现在可以回去了，"他对高玛说。"我们飞得这么高，你应该能够看清楚整个雁群了。现在我们回去继续上课吧。"

　　高玛看准了一片空出来的湖面，哗啦一下落了下来。他仿佛看到了雁老大正带领着雁群与暴风雨搏斗。这场面他是从未经历过的，只能想像而已。老大看着他温和地说道："其实在我小的时候，一直幻想着自己当雁老大的样子。在我眼前总有一个模模糊糊的影子，英勇高大，比我出色得多，也坚强得多。但事实上，我看到的影子就是后来的自己。没想到我原来感觉到的自己竟然和真实的自己相差那么远。我的老师和我说过的一句话很有道理：你会成为心中所希望的那个你。今天我把这句话送给你，高玛。"老大说完之后，用信任的眼神望着高玛。

　　高玛看着雁老大，发现他那原本深沉的面容变得随和许多，看起来比平常可爱多了。现在高玛觉得雁老大不再那么高不可攀了。他逐渐接受了"雁老大"的思想，但他相信只有特别优秀的雁子才有资格成为雁老大。他甚至可以想像这样一幅画面：一只成熟、强壮的雁子飞在队伍的前端，鸣叫着，带领雁群与暴风雨搏斗。但是这样一幅画被一阵突如其来的北风吹皱了，高玛不禁又一次打了个寒噤。

高雅与比尔

　　现在轮到高雅给我们的小高玛上课了。"'伟大之翼'究竟是什么呢?"高雅游到高玛身边说道:"用我们大雁学者的话说,就是一种'雁群协同作用'。这听上去很深奥,不知道一般的雁子能否理解。实际上它指的是两只或两只以上的雁子在一起和谐地飞翔,产生出一个超乎个体意识之外的意识——群雁意识。"高雅知道她需要进一步地解释清楚,好让高玛知道这到底是如何发生的。

　　"'爱'在原本孤立的两只雁子之间搭起了一座鹊桥,带给他们无限的力量。如果你的心中充满了无条件的爱,如果你能够真诚地接受雁群中的每一个成员并肯定他们在团队中的作用,那么你就自然而然地达到了'伟大之翼'的境界。但是一旦你对他人心存怨恨,或对自己求全责备,你就会失去心中的'群雁意识',从而变得懦弱而胆怯。在飞行中,心里的念头仿佛能够左右风的大小和方向。当你不断地追求'伟大之翼',并真心地去爱每一只雁子时;你就会惊讶地发现,风也在助你一臂之力。在你疲倦的时候,风轻轻地托着你,那种感觉就好像自己带着爱的翅膀在滑翔。"

高雅停下来看看高玛继续说："实际上，所谓的'逆风'不是别的，而是存在我们心中的恐惧和厌恶。如果你总是感到畏惧，那么逆境就会一直缠着你不放。"

高玛心里清楚老师们的一片苦心，他也在努力地理解这一切，可是总感觉自己还是没有准备好。这时候，一阵冷风吹乱了他的羽毛，高玛感到一股寒气直逼进骨子里。他强烈地觉察到，如果再不开始学习飞行的课程，就会有麻烦了。他绝对不能留下来过冬，他不想让自己像往年的那些雁子一样，留下来，就再也没了音信。看来小高玛要慎重地考虑一下了。不过，他现在最想做的还是先到湖里和朋友们戏水、玩耍。于是他很有礼貌地向长辈们告退，高雅和爷爷点点头，默许了。

高玛到湖边找他平时的玩伴，但是他们多半都不见了踪影。高玛猜想他们一定去接受特别训练了，或是去练习'伟大之翼'的飞翔队形。高玛感到有些孤独，心里又开始有些担心起来。

"当寒流到来时……"爷爷的话在他耳边回响着，"你会发现自己经历着一个身体上的和精神上的转变。"这是好久之前爷爷说过的话，那个时候高玛并没有理解，可不知怎的，这番话此刻又回荡在耳际："你的羽毛会变厚，你的身体会做好准备在切萨比克湾过一个长冬。这些变化很是明显，你会清楚地知道自己已经长大、成熟，能够适应迁徙的艰难。"

直到现在高玛还清楚地记得那一幕。当时他和几个朋友正在和爷爷聊天。其中一只小雁子问到："我怎么才能知道自己

已经成熟，可以拥有'群雁意识'了呢？"。另一只雁子又问"我又怎么才知道自己可以接受'伟大之翼'了"。

爷爷的解释很令人费解，但是高玛却记忆犹新："当你感

觉到周围的环境开始发生变化，当你找不到和你一起嬉戏的伙伴时，你就会知道时机到了。当你身边的所有人都在鼓励你去接受'群雁意识'训练，你就知道时候差不多了。就是这么简单。"爷爷静静地说。"当内在产生变化，而外在的世界呈现和谐状态时，你所需的一切就已经水到渠成。"

就在此时，高玛的回忆被打断了。他看到好友比尔就在附近玩耍。于是高玛游过去找他说话。他很喜欢比尔，也很想听听他的建议，看他下一步想怎么办。"比尔，"高玛问道，"你准备去学习有关如何掌握'群雁意识'的课程吗？"

比尔一脸的疑惑，问高玛："这是什么意思？我们迟早都会去啊，所以我已经学习过啦。"比尔说得很快："只要你想做，你就一定做得到。我现在正跟着雁因斯坦教授学习。在这么短的时间内，我学了那么多的东西，真是令人无法置信。教授认为我已经有条件担任雁老大的角色了。雁因斯坦教授能够将所教的内容用缜密的逻辑表达出来，而我可以静静地坐在那儿听上几个小时。"

高玛有点怀疑比尔的话。眼见为实，耳听为虚。高玛无法相信年轻的比尔可以完全理解雁因斯坦教授，因为他自己对教授所讲的内容总是一窍不通。

比尔在高玛面前轻轻地拍动翅膀，好像在向高玛炫耀。"在迁徙中，我是雁因斯坦教授的高徒，他带着我，飞在'较强之翼'的那个队伍中。"

"喔，那很好啊！"高玛说，"我想，在迁徙开始时，有一个很亲近的人带领你一起飞是很重要的。"

"你说的一点不错，"比尔说，"我猜爷爷一定会带着你一起飞的。你们祖孙俩一定会是最佳搭档，爷爷是你最亲近的人嘛。"

"是啊！但是我到现在还是不清楚该怎么做。"高玛说道。

比尔转过身子对高玛说："你必须要参加一些雁群训练的课程。但是我个人觉得，最重要的还是要学会和你的师傅合作，你要紧紧地跟在他的后面，让他飞行的气流将你托起来。这一刻确实很刺激，你的心里要不断地念叨"嗯！雁群！""嗯！雁群！"你会产生一种奇特的力量带着你加速，使你追上前面的雁子。"

"听起来挺容易的。"高玛插嘴道，声音怪怪的，带着疑惑。

"不只如此，"比尔兴致勃勃地说，"最终，带你飞行的师傅也要离开领头的位置向后退去。他会有意放慢速度好让你跟上去。此时你就要飞到师傅前面，移到队首接替他。你知道师傅为什么要这么做吗？"他很兴奋地问高玛，高玛却摇摇头。"因为'伟大之翼'的理念在起作用啊。飞翔在队首的雁子必须和其他的雁子达到和谐，所以他必须将自己的意识融入到'群雁意识'中放弃自己的种种想法并在恰当的时候放弃头领的位置让贤给他后面的雁子。是'伟大之翼'带动他高速飞行甚至自动飞行，这个时候不管是师傅还是徒弟飞行的速度都是令人不可思议的。"

"等等，停！停！"高玛显然有点生气了，"你说得太快，我都糊涂了。"

"好，好，我慢慢地给你说，"比尔继续解释道，"为了顺利迁徙，飞在队首的雁子会一遍遍地高声吟诵'伟大之翼，伟大之翼'。跟在后面的雁子会感觉到自己已经和整个雁群融为一体。正是这个意念，又支撑并鼓舞着领队的雁子，使他顺利地驾驭整个雁群。但如果居于尾端的雁子不甘心融入雁群，总在想着怎么当头领，那么他就会游离于雁群之外，无法达到和谐。"

"高玛，你要知道，队首的雁子是处于'自动飞行'状态的，就好像是由无尽的智慧在掌控着飞翔。他的心中被'伟大之翼'占据，他的翅膀强有力地拍动，和吟诵的号子达到和谐一致。他的身体充满巨大的能量，并开始发光！他是用意念和直觉引领着身后的雁子。但是，头领不能永远是头领，总有一刻，队首的雁子会减下速来，让身后的雁子乘着他的气流飞上前去，代替他的位置。而他将会飞到队列的尾端，飞到他的徒弟的后面。"

高玛沉默了，这些理论让他转不过弯来。为什么所有的人都爱讲大道理呢？难道没有人知道高玛只是想留下来，尽情玩耍，什么也不去操心吗？就在高玛生闷气的时候，比尔早已经飞到湖的另一边，去参加另外一组的讨论了。

老八的焦虑

高玛的老朋友老八慢慢地游向高玛。"这里的一切都在改变啊。"老八说。高玛抬头看着他，发现他一脸的忧虑。"我准备留下来过冬，"老八低着头，嘟囔着，"这里的冬天不像他们形容的那么糟。雁群都飞走了，剩下的食物就足够我过冬了。我还可以用那些老猎人留下来的帐篷遮风挡雨。"

高玛莫名地有些伤感。他知道老八准备留下来，在此之前也听别人谈起过这事。高玛很替老八担心，刚想劝他，却被老八的话打断了："在我看来，迁徙是完全多余的。什么'群雁意识'，什么'伟大之翼'，都是哄小孩玩的。我就是要留下来，你看，我已经储存这么多食物了，而且也没有冻着啊。

"但是，老八，留下来的雁子没有一只能熬过冬天啊，"高玛的语气很是急切。

"高玛，我不相信自己能够达到'群雁意识'，也不觉得自己有能力在迁徙队伍中飞行，"老八再也不掩饰什么了，幽幽地说道，"我试过很多次了，但是我都失败了。"

"老八，"高玛说，"如果想达到那个境界，单独练习是肯定不行的，我们必须和一个完全相信我们的朋友一起飞。"

"这我也知道，但是我太害羞、太胆怯了。不愿去尝试，是因为我害怕失败。我确实应该振奋起来了……如果我胆子再大点，可能会去请求别人的帮助，"老八显得很灰心。

"你必须主动地寻求帮助，"高玛俨然一副雁老大的口气。但他心里也不大明白寻求帮助是否真是有那么重要。如果老八不愿意开口求助，就不能加入到迁徙的队伍。高玛很清楚，不久湖区将发生巨大的变化，而老八一定会面临一连串的生命威胁。当寒流袭来时，整个湖区都会结冰，没有吃的，挨饿，苦苦等着——直到最后白雪覆盖所有的一切。

这时，高玛注意到地平线上飘来片片灰云，零星的雪花随即落了下来。高玛从他的厄尼斯特叔叔那里得知，这种现象叫做"疾风"，疾风来了，气候将发生彻底地变化。"虽然它现在只刮那么一会儿，但是当我们离开这里之后，一定会连续下好几天的雪，"厄尼斯特叔叔和小雁子们说。

老八的话又打断了高玛的思绪万千："我不相信我们可以做到，真的，高玛。"老八流露焦虑写在脸上，使气氛一下变得消极而沮丧，"我真的不相信自己！我很害怕！每当我想对朋友倾吐心中的不安时，他们都会躲着我。"老八告诉高玛，那些正在准备迁徙的小雁子一听到他谈到"恐惧"时，就会马上转身飞去。除了那些年老的雁子外，似乎没有谁愿意倾听他的疑惑。"那些老雁子也不是真地在听。"老八抱怨道："他们只不过想从我的话里挑毛病，然后向我说教。他们根本不可能理解我的特殊情况。"

　　高玛突然感到脊柱有些冰凉。他开始怀疑是否自己也有所谓的"特殊情况"，会阻碍他获得'群雁意识'，并且让他没有能力在'较强之翼'那队飞行。高玛突然觉得孤立无援。他犹豫着还要不要去接受训练，如果他不去训练，大家一定会误解他，以为他不参加长途旅行只是因为懒惰。

　　"没有人会真正理解我的'特殊情况'，"老八继续说，"我会接受训练，但他们一定不会理解训练对我来说到底有多难。"

　　高玛发觉自己在逐渐地认同老八，原先从师傅那里得到的

勇气和力量在慢慢地消失。光是听老八说话，就让他感到很害怕。高玛想尽量远离老八的阴影。他开始跳上跳下，摇摇摆摆地在湖边踱着步子。高玛知道，如果他表现得不在乎，那么老八就不会再和他发牢骚。高玛知道，他必须跟老八保持距离。

"在这个生命中的转折时刻，真正的朋友会帮助你，也会鼓励你。如果有同伴不信任你的能力，你会在内心感到无比的痛苦。"老大的话在他的耳边回响着。难道爷爷所谓的内在变化真的已经在自己身上发生了吗？高玛表示怀疑。难道他此刻已经内外兼具，为飞行做好准备了吗？

高玛强迫自己不再想这些没有答案的问题，他必须开始接受'群雁意识'的相关训练。此时一股冷风吹过，高玛抬头看看天空，在秋天的夜晚，到处弥漫着诡谲的气氛。每次当他停下来去思考'群雁意识'的时候，他都深刻地感受到了大自然那股微妙的推力。

身边所有事物都提醒着高玛，夏天已经结束，该是为伟大旅程做准备的时候了。

无力感及摆脱恐惧

爷爷步履蹒跚地走到高玛身边。"爷爷虽然年岁已高，腿脚不便，但是举手投足间仍然有着一种令人敬畏的尊严。"高玛想着。他望着爷爷，委屈得想哭。他想告诉爷爷他的委屈：不论他的内心如何反抗，他还是无法阻止周围环境的改变。这让他充满了无力感，沮丧极了。生命看来如此稀松无常，在命运女神面前却又如此渺小。要做的事情太多，而时间又太少。高玛想告诉爷爷，他曾经试着加入"高速飞行"和"自动飞行"的练习，但都不很成功。他很需要帮助。他知道完成这一切决不能只靠他自己。他需要借助'伟大之翼'的力量和其他雁子的帮助。

爷爷望着高玛，关切地说道："高玛，我知道你还有些不理解。要知道，我在你这么大的时候，何尝不也渴望凭自己的力量去和命运拼搏。我不相信'伟大之翼'存在每只雁子的内心，也不想依靠雁群，只想倚仗自己的力量。那时，寒流很快就要降临，而我的内心却感到无比的绝望。"爷爷看着高玛继续说道："试着去理解理解这一切吧，高玛，这种挣扎，爷爷也确确实实经历过。看得出来，你需要帮助。我还知道你不想对外人承认你需要帮助，但其实，你已经对自己承认了。"

"你拥有着足够的力量去完成这伟大的旅程。你并没有被'伟大之翼'所遗忘，它依然眷顾着你，跟随着你——它会在飞行中帮助着你。它会带动着你的身体，赐给你力量，最后顺利完成迁徙。它会让你做好所有该做的准备，即使飞到雁群之首，也会带领雁群全力前进。'伟大之翼'会挖掘出你的潜能，使你拥有无法想像的神奇力量，连你自己都会为之惊讶。'伟大之翼'代表了爱与被爱。但它自己无法把整个雁群带到冬天的家，只有通过你的努力，它才会发挥伟大的威力。'伟大之翼'通过你而释放能量，这就是大自然所展现的爱的奇迹。你相信不相信呢？"

高玛的身子在颤抖。他哭了起来。他确实相信爷爷的话，但又不想承认。又一阵刺骨的风吹来。他很不喜欢这样的天气，寒风总让他产生一种无力感，在自然面前，他越发感觉渺小。"也许我并没有什么特殊情况，也许我不应该再顾影自怜，也许别的人可以理解我的感受……我是不是应该去寻求他人的帮助呢？"高玛心想。

爷爷好像看出了高玛的心思："你让我回想起我的小时候。那时候的我总是坚信自己是特殊的，没有人能够体会到我所经历的变化。我的老师们说他们是过来人，能够理解我，可我总是很怀疑。我的心情也特别矛盾，有的时候我又会觉得，其实自己和其他人也没有什么不同。这些混乱的思绪快要让我疯掉。我一直拖着不去寻求帮助，也不去接受训练，直到我发现天气已经变得异常地冷，时间已经不允许我再做任何的准备。那时我想：完了，这下完了。我懊恼极了，因为失去了所有的训练机会，我只好面对死亡。"

爷爷的故事似乎与高玛现在的情况很相似，高玛希望爷爷能够继续说下去。"你想继续听吗？"爷爷问。当然，回答是显而易见的。现在的高玛对于每件事都很困惑，他渴望从爷爷的话里找到答案。

"最后，我还是去接受了训练，并且加入了迁徙的行列。'群雁意识'的力量非常之大，所以我学得很快……"爷爷想了想，又补充了一句，"快得不能再快了。"

"尽管我顺利飞到了南方的新家，但一路上我也遇到了不少艰难。那是我生命中最难忘最刺激最惊心动魄的时刻。"爷

爷一连说了三个"最"，"我真没想到，为了获得'群雁意识'，我竟然连续好几个月都被自己的疑惧所折磨。其实越早着手准备，所面临的难题就越容易解决。"

爷爷停下来，清了清嗓子。"但也有些雁子并不是很关心自己是否获得了'群雁意识'。他们不信这些，只是单纯去做。他们也许会在嘴上否定它，但在飞行中，仍然会义无反顾地飞到'较强之翼'那列，做整个雁群的支柱"。

爷爷挺了挺身子，仿佛要强调他说的话似的："高玛，你要记住，酝酿越久，其思越纯。为了达到'伟大之翼'的境界，踌躇地越久，焦虑地越久，你会对它的理解也越深。"他深深地吸了一口气，继续说道："一只雁子在经历这一过程时可能会做出痛苦的挣扎。但是，这样的挣扎注定会塑造出英雄。"爷爷和蔼地俯看着高玛的小眼睛，说道："你现在知道为什么自己一直很矛盾也很踌躇了吧，因为真正的伟大一直都存在你心中。"他停顿了一下："并不是因为你能力不够而达不到'群雁意识'，而是因为你的'群雁意识'过于强烈，你的挣扎在鼓舞着其他的雁子，也正带动着整个雁群！"

高玛的身体不住地颤抖，泪水再也忍不住地夺眶而出。他抽泣地厉害，孱弱的身躯剧烈地晃动，可他的内心却获得了一种神奇的宁静。高玛突然领悟了！虽然他还无法止住自己的眼泪，爷爷的话却给予他极大的慰藉。他仿佛接受了一次洗礼，在灵魂深处，他感到安静且沉着。存乎于心的宁静，让他开始默默地观察到他的转变。而这份淡定才是最真实的自己。这个安闲的自己始终静静地看着高玛所经历过的焦虑，看着高玛苦苦地挣扎。直到这一刻，高玛才意识到这个真实的自己。

爷爷在一旁静静等着他的蜕变。爷爷知道，高玛在这个过程中已经跨越了一大步。"你终于承认了自己的无力，说服自己向别人寻求帮助，并需要'伟大之翼'助你一臂之力。现在，整个雁群都是你的宝藏，我们会给予你无穷力量和本领。嗯……你还有什么其他的想法呢？"爷爷微笑着问他。

"有啊，"高玛说，"我真的相信我心中有'伟大之翼'。我懂了。我知道，拥有'伟大之翼'是因为……"他开始有点犹豫。

爷爷接着高玛的话说："高玛，当你抛弃心中固执的想法时，你就可以心平气和地重新审视你自己。心中的宁静让你开始敬畏这一整个过程。"爷爷的语气很肯定，高玛幸福地知道了，爷爷确实是理解他的。

"没错，"年轻的高玛说。"我好像有些明白了。原来，我一直让情绪左右着自己，现在我站在了一个更深的层次审视自己，静静地观察这一切。这就好像我和大自然之间存在着某种绝妙的和谐。而自己就是那个静默的，永恒的观察者。"此时正好有一阵冷风习习吹过，但是这一次，高玛甚至没有感觉到冷，他感受到的是平静。

现在高玛终于理解了。他已经下定决心，接受雁群里的迁徒训练。

飞翔训练

　　爷爷知道高玛已经准备好接受训练。"飞翔训练中有一个很有趣的内容值得我们在此讨论一下，"爷爷说，"你看，在迁徙中，有一个阶段你会身处群雁之首，让'伟大之翼'掌控你的意识。"爷爷停顿一下，好让高玛消化这个意思，"你会感受到一种奇特的放松，以及意识状态的改变。心灵变得格外宁静，而你可以听到'伟大之翼'这几个字在你的内心深处反复吟诵着。你的自我意识就在那时得到解放。"爷爷抬了抬眉毛，因为他知道高玛会对此产生怀疑。"你的自由意志已经从幼稚、非理性的自我中得到解放。你的真实自我开始运作，你的飞行方式会转变为自动飞行。"

　　"就在这时，群雁之首开始发热、发光了？"高玛问。

　　"是的，"爷爷说，"这光，这热，能让队伍中的每一只坚守'群雁意识'的雁子感受得到。即使你怀疑自己心中的'群雁意识'，这道神圣的光芒也会向你展示着，伟大的'群雁意识'始终会存在。"

　　爷爷停下来想一下。然后继续说道："在任何情况下，领队的雁子都会发光发热。此时此刻，他的身体充满无限的能量，他的翅膀奋力地拍打，力量惊人。他超越了自身的极限，他激发了整个雁群的潜能。在体力上，这只雁子拥有的是整个雁群的力量。在意志上，是'伟大之翼'发挥着力量，带领着整个雁群。"爷爷回想起自己的经历，不禁兴奋起来。

"哇，这是怎么做到的呢？"高玛以敬畏的语气问道。

"这个嘛！作为头领的雁子必须在心中时刻想着整个雁群，想像自己和雁群融为一体，两列雁子就像是他的两个翅膀，他用意志带领着大家飞向目的地，"爷爷说起来既简单又毫不费力，"当你把两列雁子看作是你的两翼，你就会对整个雁群产生十分强烈的爱。你会对其他的雁子充满同情与关怀。这是一种非常美妙的感觉。你应该听说过吧？"爷爷问。

"我记得高雅曾经和我讲过那种对同伴充满着无限的爱的感觉，"高玛说，"她告诉我，飞在最前端的时候，如果依然爱着其他的雁子，就会领悟到悲天悯人的情怀。她还说只有身处群雁之首并带领雁群营救掉队的雁子之时，才能理解这种神奇的感觉。爷爷，她是什么意思呢？"高玛问。

"大多数的雁子总是认为，掉队的雁子跟不上'较强之翼'的尾端，是他自己咎由自取，"爷爷说，"事实不完全如此。雁子之所以掉队，是因为他没有坚定'伟大之翼'的信念。'群雁意识'从他脑中褪去，他开始犹豫不定，力量也就随之褪去；他可能已经筋疲力尽，因此开始怀疑自己。他意识到自己的无能为力，认为自己无论如何也跟不上雁群。此时，领队的雁子必须要关注这只掉队的雁子，带领'较强之翼'稍

微下降一点，使得飞行的气流将无力的雁子托起来，把他带回到队伍中。这就是雁群的奇迹，无论那只雁子有多么地疲惫不堪，多么地垂头丧气，乘着气流，他一定可以重回到队中。虽然他已经放弃了生的希望，但仍然得救了。是领头的雁子救了他，但前提是，领头的雁子必须坚守住'伟大之翼'的信念。"

高玛有一点理解爷爷的意思了。"您是说，掉队的雁子并不是凭着自己的力量回来的？"他问道。

"噢，不不不！"爷爷说，"也许在粗心的人眼中，确实如此。但事实上，掉队的雁子已经累得不想再做任何努力了。他对生命不再有热情，但也许会为自己的遭遇感到惋惜；他精疲力竭，心灰意冷，忘掉了所有的飞行要领，只想停下来歇息。"

"难道他不能振作起来，重新获得'伟大之翼'，然后继续飞行吗？"高玛问。

"可能不行了，"爷爷说，"因为他已经失去了'伟大之翼'，这让他觉得非常挫败。紧接着，他一路下滑，更让他恐惧而且沮丧。我不知道你是否可以完全理解这一点，"爷爷继续说，"事实上，当一只雁子飞向高空，而后又失去了自己的信念，他会变得脆弱而又消极。此时倘若突然面临险境，他就会径直掉下来。即使他的思想又重新回到'群雁意识'，他也需要一段时间来使自己的体力恢复。他需要借助'较强之翼'的气流歇息一下自己疲惫的内心。"

高玛很仔细地听着爷爷的话。"当他在较强之翼这边休息的时候，他将会再一次经历'群雁意识'的各个阶段，而他的位置也会缓缓往顶端移动。你看，这整个过程都很有序，它不但反应了整个雁群作为一个团队的需求，也照顾到了每只雁子的个别需求。掉队的雁子可以凭借整个雁群所给予的共同力量，很快地恢复体力。雁群中雁子的数量不同，产生的力量也不同，从而每只雁子得到的力量也不尽相同，这是很有意思的现象。"爷爷说，"我们会带着你做相关的训练，从队尾到队首，你都会有所经历。"

"这些我都要去练吗？"高玛问。

爷爷笑了起来。"事实上并不是真的有所谓的飞翔训练。现在看起来好像还有足够的时间可以让你在正式迁徒前试飞。但是，高玛，让我再说一遍吧：没有什么飞行可以称之为训练。在我们的一生中，每一趟飞行都是真实的。如果你筋疲力尽掉了队，那种危机时刻，多少训练也是于事无补的。"

"我会严肃地面对它，"高玛若有所思地说，"看来我要试着改变自己的想法了，就算我会掉队，只要我那时肯相信其他的雁子，整个雁群一定可以把我营救上来。"

爷爷看着高玛，点点头，说道："你已经可以跟随高雅学习了！高玛，你这就去跟随高雅学习如何客观评价自己吧！"

清点自己

　　正说着，高雅朝这边走了过来，举手投足间还是那么地优雅。高玛不晓得她为何总是那么镇定自若。高雅说道："小高玛，我现在要教你如何发现自己的优点。了解自己是很重要的，认识你自身的优点和缺点可以帮助你更好地了解自己。一旦你认定了自己的优势之所在，你就可以找到合适的同伴一起飞行，他的优势和你呼应，你们两个会合作得很好。可是，你要知道，要想了解自己，首先要具有诚实的精神。只要能够真实地面对自己，克服焦虑，一只诚实的雁子就可以顺利地在队伍中飞行。除此之外，你要对'伟大之翼'有着完全的信赖，无论在队尾还是在队首，你都要相信，'伟大之翼'在发挥着神奇的力量。若想成功地迁徙，你必须摆脱心中的焦虑，并且让自己的心中充满希望。"

　　高雅停了一下，继续说道："在迁徙之前，诚实的品德让我们坦然地接受了这样一个事实，就是没有一只雁子能够独自地完成迁徙，每一只雁子都需要借助集体的帮助。我们多多少少意识到了这个道理，但是仍有很多雁子表示怀疑。这些个人主义者总是寄希望于提升自己的意志力，企图凭借自己的力量完成迁徙，但最终发现还是要借助集体的力量。在季节的交替面前，我们总会有一种无力感，很多雁子会痛苦地发现环境的巨变使他们无法存活。一些雁子选择留了下来，这些可怜的家伙企图用自己的意志力去适应严酷的冬天，结果他们都失败了。其他的雁子则接受了事实，参与了迁徙。其实只要你诚实，就会直面事实，坦白自己的无力感，最终顺利地迁徙。"

"我记得在我非常小的时候，准备要参加第一次飞行。我接受的是最后一拨的训练，由米恩带领我飞在队伍中。高玛，你见过他，对吧？"高雅问他。

"对呀，"高玛不假思索地回答。"每一个人都认识米恩。他具有极强的勇气、意志力和面对逆境的毅力。"

"噢，高玛，"高雅说，"他并不是一直都那样的。他把他的价值观传给我，而这些价值观成为了他最美好的才能。你看，在我第一次飞行时，我也很害怕加入雁群。我想留下来独自面对严冬。我总觉得自己可以靠剩下来的食物度过整个严冬。我都计划好了，准备留下来碰运气。"她顿了顿，"我不愿意按照老师所说的，一步一步地将'群雁意识'融入我的意识。我害怕这个伟大旅程，我认为自己根本不具备那些参与过迁徙的大雁所拥有的纪律和意志力。"她停下来直视高玛的眼睛。"我最害怕的就是直面自己，对自己的优缺点进行一次客观的清点。你看，高玛，我总希望每个人都觉得我漂亮。这是一个虚荣心挖出的陷阱。我表面上看起来非常光鲜亮丽，但我的内心却是极其痛苦的。"

　　"不过你现在可以凭借你的美貌出名了，"高玛红着脸，害羞地说。

　　高雅没有理会高玛的话，继续说道："当时我很沮丧，也不喜欢自己。我很害怕认清自己的优点和缺点，担心无法接受或是不能忍受自己的缺点。我总是希望自己在别人的眼中永远近乎完美。"她看着水面继续说。"我整天都在池塘里玩，我

试着说服自己，池塘里的每只大雁都是我的朋友。但事实上，我是一个完全孤立的个体，我没有任何归宿。每当审视自己的时候，我就会吹牛，说，'我已经拥有所有的才能了。'但是，我心里其实很明白，我是在欺骗大家，更糟糕的是，我同时也欺骗了自己。"

爷爷对高雅微笑。"我记得有一天，你终于明白过来，自己并非是完美的；不能承认自己的缺点就证明自己不够诚实。就像每个人一样，觉得如果承认自己的缺点就表示他不能胜任一个任务。"他说。

高玛越听越仔细。觉得他们似乎说到他心坎里去了。高玛越来越信任他们，没想到他们也有和自己一样的经历。

高雅温柔地对高玛说："要想客观地面对优点，那么你必须谦逊；要想把劣势变为优势，并且和那些比你优秀的雁子交朋友，那么你需要一些勇气。诚实、谦逊和勇气——是三个最基本的品德。"

她停下来让高玛想一下。"让我们再回过头来看看米恩吧。在那次迁徙前，我暗暗觉得他会是雁老大，因为他具有当老大的所有才能。你看，高玛，他教我要有勇气、意志力和毅力，在教我的过程中，他也修得了这些品德——他修炼得非常到位，所以他现在可以被看做是这些品德的典范。"

高雅停下来看看他们两个。爷爷点头鼓励她继续说。"我害怕让自己去'信任'他人，"高雅坦白地说，"高玛，信任的力量不容忽视，唯有信任，我们才能认清自己；唯有认清自己，我们才能成功地迁徙。说来就是这么简单。"

"回到刚才说的，当我开始审视自己时，我又退缩了。当爷爷尝试着要带领我清点内心的宝库时，我却变得不那么信任爷爷了。我必须清楚自己的优势和劣势，向那些优秀的雁子学习，以弥补我的劣势。但是这样一来，我就不得不暴露自己的不足，这真是很可怕的。"

"其实最重要的是，"爷爷说，"你误解了谦逊的真正意义。"

"唉，没错！"高雅呵呵地笑了起来。"认识到了这一点真是我的突破。我最终醒悟了，我和其他的雁子一样，'伟大之翼'就存在我的心中。当我终于明白了这个真理之后，我竟然感到一切都是如此地快乐和美好！"

"你是怎么意识到的呢？"高玛问，他非常好奇。这个过程对他而言还是很陌生。

"这个嘛，当时我正坐在那里看着其他雁子练习飞翔。那时，我还坚持不和他们一起迁徙呢。米恩走过来，他问我是否可以让他坐在我的身旁，听听他的想法。我当时一心想着即将来临的寒冬，根本就不想听他说话，可是我还得试图保持礼貌。"高雅停下来优雅一笑，"米恩就自顾自地说下去。他告诉我他第一次迁徙时也不相信自己有这个勇气，但他还是不顾恐惧参加了。"

"米恩懂得了莽撞和勇敢之间的区别，"爷爷说道，"无所畏惧地为了心中所希望的结果而努力，这就是勇敢。"

"不要说教啦，爷爷，"高雅说，"你听起来好像雁因斯坦教授啊。"他们三个一起笑起来。

高雅继续讲她的故事。"我告诉米恩我不想飞,他只是看看我说:'我那个时候也不想飞,那是因为我太自大了,不愿意正视自己的缺点。我只想让别人看到我的优点和绝佳的飞行能力。我不想为了学习自动飞翔而花太多的功夫,也不肯放弃个人的意念。我要凭自己的意志力高速飞行。我不想让内在直觉来控制我的飞行。但是后来我懂得,只有加入到雁群中间,和其他的雁子全力合作,才能称得上是真正的飞行能手'。"她停下来,"那个时候,米恩温柔地对我微笑,他这样一个硬汉,放弃了独来独往的作风而加入了团队中,一定是费了一番功夫,看到他的微笑,我的心都融化了。"

　　"那你当时就准备好对自己进行一个清点了么?"高玛问。

　　"是的,因为我曾有的羞耻感已经变成了一种谦逊,"高雅说,"我再也不害怕求助。为了能和米恩、爷爷和老大那样的雁子一起迁徙,我准备改变我原本桀骜不驯的个性。我准备好接受自己的缺点,这样我就可以完美和谐地飞行。我也不再对那些曾经伤害过我的雁子心存怨恨。我以前觉得谁不认为我是雁群中最甜美最可爱的,谁就是和我过不去。当我在痛恨别人的时候,我变得非常不愉快。我知道真正需要做的是和整个雁群融合在一起。"

　　"高雅那时真的很可爱,小高玛,"爷爷说,"她打算跑遍整个雁群,为她过去的所作所为,跟每一只雁子道歉。"

　　"我记得米恩一直在我身边帮助我。他让我学会了宽恕,我们的心中都建立起了'伟大之翼'的意识,所谓'宽恕'就

50

是对他人心中的'伟大之翼'给予理解，从而谅解他人。在那一刻，我想和所有的仍在疑惧的雁子讲述我的感受。于是我飞回池塘，就像米恩跟我分享他的经验一样和其他的雁子分享我的心得。"她停顿了一下。

"非常奇怪的是，只要我去接触另一只雁子，我就会重新开始回忆整个过程。直觉告诉我必须让其他的雁子知道，如果没有同伴和'伟大之翼'的帮助，就不能维持'群雁意识'。我必须一遍一遍地审视我的优点和缺点。我有种自恋的倾向，总认为自己是优越的，是整个雁群的救星——这正是我的缺点。"

"这也是改变自己的关键点，"高玛深思熟虑地说，"不论何时，只要我希望完美和谐地飞行，我就必须对自己进行反思。和其他雁子的合作，也要建立在对自己的了解之上。"

高雅点头表示赞同。"你必须了解你自己心中的价值体系。你看，我刚刚告诉你，诚实、梦想、勇气、信任、意志、谦逊和毅力等这些品德中，你必须深深懂得哪个是你认为最有价值，在生命中最重要的。有一些雁子认为，勇气是他们最重要的价值。有的雁子相信诚实是最重要的。有的相信无私地为别人服务是最伟大的。还有很多雁子坚持认为最重要的品质是将'伟大之翼'内化于心，提升自己的精神境界。"

"既然每只雁子都有不同于其他雁子的地方，了解自己属于哪个价值体系就显得十分重要。高玛，我希望你获得所有的品质，特别是毅力、坚韧、宽恕和谦虚。让这些品质成为你生活的一部分，它们将在你生命中不同的阶段提供给你非常重要的知识和力量。你的内在将以这些品质为核心，帮助你作一些关键性的决定。你对这些品质的理解越深，你对事情的处理能力越强。有时候你会做一些让旁人觉得鲁莽的决定，这其实是出于你无私的爱和舍己为人的高尚品质。高玛，真正了解每个品质，让它成为你可以依赖的支柱。这些品质将会引导你作出足以影响你一生的决定。"

扬起伟大之翼

"爷爷，这些听起来像是一堆理论，"高玛说，"直到现在，我还从来没有跟任何一只雁子一起飞行过，但自认为飞得还不错，可是如果我跟一群雁子一起飞，我可能会把雁群搞得一团糟！"他的声音听起来非常严肃。"我从来没有在一个队列里飞过。"

"我知道，高玛，没问题。让我告诉你队伍中'较强之翼'是如何形成的吧。"

爷爷找来雁老大和高雅，他们轻拍翅膀在低空滑翔着。高玛跟上去加入他们。一开始，他们很轻松地组成一个了菱形。雁老大发话了，高玛很认真地听着。"当你飞在'较强之翼'这边时，你要经历如下几个阶段。第一个阶段是承认你自己的力量有限，无法依靠自身的力量迁徙。第二阶段是你对'伟大之翼'充满信任，相信它会在迁徙中照顾你。第三阶段是要清楚'自我设限'会影响你的飞行速度和距离，而'伟大之翼'会帮你跨越这些极限。第四个阶段是认识到你和雁群中每一只雁子和谐相处的重要性。第五个阶段是将整个飞行交给'伟大之翼'，让它自然地发挥作用。然后当你发现自己正飞翔在群雁之首时，你心中所见的就是整体雁群所看、所感受的，这一切都将在和谐状态中完成。让我们更仔细看看这些原则。"

老大停下来一会，然后问道："高玛，在你心目中，什么可以代表力量？当你飞行时，什么可以表现出力量？"

高玛想了一会说："米恩很有力量，他是整个雁群中最强壮的一个。"

"那很好，"老大说，"让我们再想想还有什么可以代表力量？"

"我觉得风很有力量，"高玛说，"尤其是那些炎热的南风，有时候会在夏末带来疾风。"他接着说。"雷雨也是很有威力的。"此时他们正穿越池塘，滑翔着并调整飞行的方向。最后他们到达岸边的一个避风港。在那里他们不会受到其他雁子的打扰。

"我认为伴随暴风雨的雷和闪电是很有力量的，"高雅说。其他的雁子们都同意那的确是一种巨大的能量。

雁老大转向爷爷，问他有关力量的想法。"龙卷风是我曾经遇到过最有力量的。"爷爷说。

"确实，"雁老大说，如果有龙卷风接近，我们必须要找陆地躲避。我们最害怕在飞越水面时遇到龙卷风，因为那是非常危险的。"

"我知道大家说的这些都很有力量，但我不知道这跟我现在上的课有什么关系呢？"高玛说道。

"噢，高玛，我们要面对的是一个比闪电、雷鸣、疾风或是龙卷风还要强而有力的力量,这就是'伟大之翼'的力量。只有'伟大之翼'能够抗衡风的运动、季节的改变和大自然中所有的运动。这个力量如此伟大,以至于千万次迁徙和千万次龙卷风也无法与这股力量相提并论。"

雁老大停下来看看其他雁子。"当我与'伟大之翼'的力量相比时,我真的感到自己非常渺小,"老大说,"为了完成迁徙,我必须请求'伟大之翼'的帮助,让它通过我和其他雁子发挥威力。我知道自己不能独自做到这一切。"他停下来。"难道你们不同意我的话吗?"雁老大先看看爷爷,再看看高雅。他们都点头表示同意。

"你呢?高玛。没有了'伟大之翼',你是否感觉迁徙很无力?"

"是啊,当然,"他说,"我很希望能够了解其中的道理,"他有些困惑地说道,"我已经知道自己不可能独自迁徙。我只希望可以让'伟大之翼'的本质深植在我的心中,让我竭尽所能地完成这次迁徙。"

"高玛,假设你是两只小雁子的爸爸,而小雁子们下一顿没有吃的了,希望你帮他们寻找食物,你会帮他们吗?"老大问。

"这个嘛,"高玛说,"我想我会尽我所能帮他们找很多很多食物的,除此之外我还会帮助他们培养找食物的能力。我会认真想想,他们到底需要什么样的食物,还有其他可能需要的一切,不是只考虑一顿饭而已。你为什么要问这个呢?"

"高玛,'伟大之翼'会提供给你生存中所需的全部技能，"雁老大说，"它会根据你的需要来帮助你，甚至在你要求之前，给你的远比你要求的还多。'伟大之翼'完全知道你需要什么，但为了开始这个过程，你必须要开口求助。当你飞在了群雁之首，心中牵挂着整个雁群时，'伟大之翼'会使整个雁群听从你所有的命令。整个队伍会遵照你的思想飞行；当你飞在'较强之翼'的队伍中，也将继续保留'伟大之翼'的思想。"一口气说了很多，雁老大这才停顿下来。

爷爷继续说下去。"你看，高玛，你必须先掌握前两个阶段，这两个阶段最重要的是认识到自己能力是有限的，并且相信'伟大之翼'会回应你、帮助你。你将在'较强之翼'的尾端跟随我们。之后，你会发现，当你的思想、感觉与'伟大之翼'分离时，你就会感到紧张与害怕。在这种情绪下，你开始怀疑自己是否有带领雁群的能力。"

"高玛，"雁老大问，"你准备好改变你的信仰，去接受高度飞行和自动飞行了吗？如果你准备好了，你的整个飞行能力将会转变，你会提升到你做梦都想像不到的境界。"

"每次都要看看自己的信仰是否有所改变吗？"高玛问。

雁老大很仔细地看着他。"高玛……"他停了好一会，"当你在'较强之翼'飞行时，你的信仰必须要像'伟大之翼'所要求的那样富有弹性。这样你就可以因时而动。当你飞在群雁之首的时候，你无需费心去想那些美妙的感觉，但对于所有可能发生的危机，你必须保持开放的态度。你的坚定将会让你发挥无限的潜能。"雁老大说到这里停了下来，让爷爷说。

"另一个说法就是，'伟大之翼'将会通过你呈现，"爷爷说。"而你既有的信仰会成为你自身的限制。"

爷爷转头看看雁老大，此刻的他看起来非常沉着冷静。爷爷慢慢地说："为了与雁群一起飞行，我必须将自己的生命交给'伟大之翼'。"高玛依次问爷爷和高雅，他们是否也将自己交给"伟大之翼"。爷爷还补充说，他不只放弃了自己对飞行能力的错误认知，同时也放弃了个人的欲望。

"高玛，必须要放弃个人的欲望和那些错误的认知，"高雅说。"只有放弃私欲，才能在队伍中飞翔，才能飞到队首带领雁群。"

"换句话说，高玛，"雁老大问，"你愿意让你自己被'伟大之翼'的力量改变吗？你愿意让'伟大之翼'掌控，并协助你飞行吗？"

高玛觉得现在的自己好像更加平静了。仿佛一个夏天所学的知识终于整理清楚了。现在他有了一点信心，相信自己能很好的掌握飞行要领。

雁老大又开口了。"当你在这个阶段飞行时，你就距离群雁之首只有一步之遥，飞在你前面的雁子一旦退下，你就要替换他带领整个雁群。但是在此之前，你必须经历最后一个阶段，也是最重要的阶段，那就是宽恕。首先，你必须宽恕你前面那些雁子犯下的种种错误，或是曾经对你造成的伤害，直到你确定了没有对任何一只雁子，整个雁群中的任何一只雁子心怀怨恨。"大家都同意地点点头。

"最后，你必须宽恕你自己，无论之前在飞行中你犯下什么错误，你都要相信自己可以胜任，天时、地利、人和。"

雁老大转向爷爷，"您当初宽恕所有曾伤害过您的雁子吗？"

"我原谅了每一个人，"爷爷说。"毕竟大家都竭尽所能地去做了。"高雅很同意，高玛也点头同意。

"现在就让我们宽恕自己，宽恕自己所做过的不那么理想的事，或是那些偏离价值标准和期望的事。"雁老大说。

"我原谅自己了。"爷爷说。

"我也是。"高雅说。

高玛想了一会儿说，"我也原谅了，我甚至原谅自己迟迟没有来参加飞行训练。"

"让我们出发吧！"雁老大大喊一声，然后就起飞了。其他三只雁子则跟随着他，飞成一条直线。高玛开始在脑中回想他曾经所学过的一切，他渐渐地开始原谅自己的胆怯。正在这时，他发现顶端的雁老大在减速向后退，而他自己眼见着就要飞到队伍的最前面。他一个趔趄，栽到池塘中。

"怎么啦？"雁老大问。

"我不知道飞在队伍顶端之后该做什么？"高玛说。

"你只要将你的飞行转化成在'伟大之翼'控制下的飞行，之后的事就好办啦。高玛，你做得还不错的。"爷爷说。"你只要飞到顶端，我们就会跟着你，就算你想着要去池塘，那也不错呀！"

雁老大嘿嘿笑着说："爷爷，我看高玛是想用他的理性来理解这一切。他相信可以用他的小脑瓜思考这整件事。"高雅和雁老大都笑了起来，他们两个纷纷告别，一起飞走了，留下爷爷和高玛在池塘的西岸。

"我是不是搞砸了？我以为我们会飞得更久一点。"

"没有啊，但你需要学习更多的课程。"

"唉，我做得糟透了，"高玛喃喃地说。

"不，你做得很好，"爷爷说，"你已经准备好接受下一阶段的训练学习了。因为你已经在用理性思考这一切，所以接下来你必须要花些时间去跟雁因斯坦教授学习了。"

雁因斯坦教授

　　"我今天要去跟着雁因斯坦教授学习吗？可是他太学究气了，而且他特别苛刻，总是挑人家的错。"高玛说。

　　"其实他不是你想的那样。"爷爷说。"他的学问很深。而且，那些知识正是你需要尽快学习的。现在你就该去跟着他学习。"爷爷的话给了高玛很大的信心。

　　"爷爷！我相信您说的，但是我真的非得花时间去跟他学吗？万一我找不到他呢？你知道的，他可能很忙。即便我找到他了，万一我听不懂他的话怎么办呢？"说到这儿，高玛注意到雁因斯坦教授正好从离他们不远的地方慢慢走过来，高玛知道自己的借口这回是没用了。当雁因斯坦离他们更近的时候，爷爷笑着向他打招呼："真是'说曹操，曹操到'啊，教授，我们正说着您呢！"

　　雁因斯坦抖抖他的羽毛。"你比谁都清楚，我并不是碰巧经过这里，而你也不是碰巧谈到我。既然你们在讨论事件发生的可能性，那么高玛，我告诉你，此刻你接受我的训练是一种必然。"教授微笑着说，爷爷也跟着一起笑了起来。

教授继续对高玛说道："你知道为什么很多雁子在飞行中总是遇到困难吗？他们在飞行中总是用心不一；当他们径直向前飞的时候，却担心自己会飞成弧线或是翻跟头；当他们想飞慢的时候，却担心自己飞得太快，当他们想要飞快的时候，偏偏却担心自己飞得很慢。如果你的目标是向左飞，而你的那对翅膀偏偏不听使唤地向右飞，那样的后果将会不堪设想。"

当教授像连珠炮似地一气说完，爷爷在旁边咯咯地笑。

"啊，这不是很显然的么！"高玛说。

雁因斯坦笑着继续说："当然，这很简单，我从没有说过它很复杂，是你把它想得太复杂了。简化！简化！再简化！万物归一，那就是'伟大之翼'。它一直存在于我们的生命当中，是万物之本。只要你不把它想得那么复杂，就会理解我的意思。"教授渐渐放慢了说话的速度。

"我必须承认，在某些时刻，我自己的思想控制了我的飞行。我曾试着分析为什么我会飞错位置，或为什么我会多拍打几下翅膀，分析的结果总是相同的——是我的思想控制了我的飞行方向。"雁因斯坦稍微停顿了一下，让高玛去思考他说的话。"每当我飞不好的时候，我就责怪风和雨，也责怪上升的气流和下降的气流。我责怪周围的每一件事，其结果就是每当飞到半空中，我就感到一种恐惧。其实风还是和往常一样，并没有和我对着干，是自己的思想出了问题。直到最后，我才意识到，我必须加强对自己的信心。"教授说，"我要相信自己的翅膀可以带着我去任何我想去的地方，只要我想得到，这双翅膀就做得到。我的问题就在于，我不知道自己要去何处，总是犹豫不决，拿不定主意。"

高玛仔细思考雁因斯坦说的话。"我不太相信自己可以得到'群雁意识'。我的问题并不在于我不知道要去哪里，而是我不相信自己可以做到。"

"这我知道，高玛。但你老实地告诉我，难道你就不想得到'群雁意识'吗？"老教授问。

"当然想了！"

"那么只要你专心致志，将你的意识不断延伸再延伸，直到将'群雁意识'容纳在其中，你就获得'群雁意识'啦，这不是很简单吗？"

教授继续说："你的理性认知，和你天生的飞翔直觉，其实是互相矛盾的。"他等着高玛消化这个想法。"每年当冷风吹来时，小雁子们就开始长出较丰厚的羽毛，但他们并不理解为什么会这样。直觉就是答案。直觉会让他们适应一切，包括接受飞行训练，就好像这一切只不过是世上最简单的改变。之后他们回过头来，会对大自然充满敬畏，所有的一切都在不知不觉中被大自然安排好了的。"教授似乎在观察高玛的反应。"在面对转变时，你所需要的一切都埋藏在你的心中。只要你将这个力量唤醒，你就能顺利地完成这个转变。高玛，我记得我的第一次飞行经验也是非常恐怖的，但又比我想像中的容易多了。你认为自己的能力是有限的，但是所谓极限，是你自己给自己规定的。仔细听好了，高玛，你心中的这些极限来自于你对过去的那个自己做出的评价，而这些评价会蒙蔽你，对你此刻的判断产生误导。"

"等一下！什么是对于过去的自己做出的评价？"高玛问。

"我很高兴你开口问，"雁因斯坦教授说，"你也许认为，眼下的飞行能力会受到过去所学的知识和过去的飞行经验的限制。这两者之间的确有关联，但也不完全是如此。你对过去的那个自己所作出的评价是不准确的，正是这种负面的评价会限制你此刻的能力。"

"要改变我现在的认知，我需要做什么呢？"高玛问道，他终于跟上了雁因斯坦教授的思路。

"这个嘛！你可以试着解放自我认知上的限制。当你处在飞行队伍的顶端时，你的思想是极为自由的，你什么都可以去想，就是不要去想你能力上的限制。如果你可以抛开这些想法，你的整个生命就会开始转变，我指的是你整个的生命历程——过去、现在和未来！"

"我如何能改变过去和未来呢？"高玛问。"过去已经发生，而未来还没出现，所以我看不出我能控制什么。"高玛认为这回他难倒教授了。

"你可以通过改变你的记忆，重组过去的经验。举例来说，回想一个你经历过的痛苦的事，回顾整件事发生的过程，就好像在脑子里过电影一样。当你回想的时候，你会发现并没有经历时那么痛苦。如果此刻重新定义过去发生的事，你的看法就会有所改变，而你的情绪也会跟着平静下来。同样地，你对于未来的看法也是由你现在的想法创造出来的。不要去限制你对于未来的看法，这很重要。你对于过去和未来的想法，就像是一个滤网，限制了你当下的行为。将自己从过去和未来解脱出来，你就把握了现在，嗯，把握了现在。也就是说，好好地把握了生命中的每个时刻。"高玛现在明白了，雁因斯坦教授以前也一定历经过这种意识上的改变。

接着是一段长时间的沉默。高玛有一点不能相信他刚刚所听到的一切。只要他控制得住自己的意识，他的整个生命过程——过去、现在和未来，全部都会改变。高玛在心中重新整理刚刚听到的这一切，然后问道："我只需把握当下，然后所谓的转变就会发生吗？"

"是的，而且这种转变是很惊人的。事实上，你将会面对的是自己思想上的转变，而多数雁子认为这也是身体上的转变。记住当你飞行的时候，要首先确定自己飞行的目标，然后

将这个目标渗透到你的最细微的意识层。"雁因斯坦说。"你要解放自己心中所有的能力限制，你必须切实地相信自己可以达到这个目标。"

雁因斯坦的声音变得非常柔和。"你一定要将自己交给'伟大之翼'，让它自内而外去改变你，这是非常必要的。如果没有完全释放那些阻碍你思考的想法，你就无法维持住'群雁意识'。你看，高玛，在飞行一段时间后，你会移到群雁之首，从高速飞行转到自动飞行。为了达到这个境界，从尾端移向顶端的过程中，你的注意力就要越来越集中。你的位置逐渐前移，这仿佛是身不由己的。每向前移一个位置，你的'群雁意识'就会加强一些，直到最后将自己意识和'伟大之翼'合二为一，翱翔在队伍的顶端，潇洒地带领着整个雁群。我们称这个最终的状态为'自动飞行'"他说。"自动飞行对你来说是那么的自然而省力，但在一个外人看来，你飞行的力量远远超越了你原有的潜能。如果在平日，普通的雁子就算看看你这么飞，都会觉得很累了。高玛，你很快就有机会去感受这一切，现在让我们继续上课吧。"

教授轻轻地整理他的羽毛。"高玛，你知道，迁徙的两个队伍中，有一边是较弱的，另一边是较强的。而你，高玛，你一定要飞在'较强之翼'的那边。'较强之翼'是力量之翼，是雁群的顶梁柱。"

"既然改变自己是如此的重要，为什么不是每只雁子都想经历这个转变呢？"高玛问教授。

"因为大家都习惯找借口。花了很多的时间想出来一个借口，我们总是把借口当作宝贝好好保存着，每当遇到困难，就会将它搬出来应付局面。这种想法就像是面对我们的孩子，我们孕育了他们，并且尽力地维护他们。有时即使我们心里清楚有些想法是错的，也还是会设法去维护他。我们都不愿意放弃亲手创造的事物，因此我们不愿意改正自己做错的事。"

爷爷清清喉咙说："找借口比什么都容易。我可以说我太老了，或是太年轻了，或者我就是喜欢现在这个样子，我可以用这些借口应付各种不同的情况。"

"我再也不找借口了。"高玛说。

"有时候承认自己在找借口，并对它一笑置之，对你也会有帮助。"爷爷说。"你可以从别人愚蠢或毫无逻辑的借口中得到教训，并且帮助他们克服这个借口。当你发现一只雁子企图用一个看上去很冠冕堂皇，实则为了逃避的借口说服另一只雁子时，你也可以从中学到不少东西。"

贝蒂和她的伴侣老八

"爷爷，我想我们可以让高玛去看看华特是如何帮助贝蒂的，贝蒂这几天过得很痛苦。"教授说。华特就像个心理咨询师，经常为雁子们解除迁徙之前的紧张情绪。他尤其擅长帮助那些沮丧的夫妻们，因为他知道夫妻在迁徙前只能照顾自己，没有办法把注意力放在伴侣的身上，无法帮助彼此端正心态，面对迁徙。

贝蒂正在跟她的朋友华特说话。贝蒂的举止看起来跟平常有些不同，她的头低低的，缓缓地向华特点头，看起来很沮丧。仿佛她同意华特的话，但是内心却无法接受。贝蒂突然提高声音，高玛听到她说："这些我早就知道啦！我只是不能丢下老八不管。我爱他！他是我终生的伴侣，他是我生命的一切啊！"

华特站直身体，微笑着说："我非常理解你，贝蒂。我们都很爱老八，但是如果他拒绝参加这趟旅程，我们也不能强迫他。现在我们要尽全力去帮助他，但是最后还是要由他自己去体会、接受'群雁意识'，不然他就会跟不上队伍。贝蒂，现在请你静下心来，听我的话，如果你现在告诉老八你会留下来帮他，他就永远都不会参加飞行队伍。你必须狠下心来先离开他去参加飞行训练，这样他才有机会自己学习！"

"可是我爱他呀！"贝蒂大声地说。

此时，华特变得很严厉："贝蒂，你的爱能让他飞翔吗？

如果他选择留下来，你真的要留下来陪他吗？你的这种做法可以帮助他获得'群雁意识'吗？答案当然是不！"贝蒂沉默了下来。"所以，我们应该换一种方式了。贝蒂，让我们一起帮助他，而你要坚定地在队伍中等他，告诉他既然你们是一生的伴侣，你始终期待着他回到队伍中来，但如果他依然懦弱，你将不会接受他。"

华特这时注意到高玛已经在旁边等候，于是示意他走过来。华特又继续对贝蒂说："你考虑留下来的真正原因必须是因为你自己的缘故。如果你去纵容你的伴侣的弱点，对你或对他一点好处也没有，而你也将会坠入痛苦的深渊。"

华特紧接着转过头来看着眼前这只年轻雁子，对他说："高玛，群雁意识训练对你来说是全新的，而你也了解'万雁一心'的重要性，所以我没必要再解释了。本来，我们的朋友贝蒂准备要和我们一起飞行，现在却因为她的伴侣老八决定要留下来，她也要留下来陪伴他的伴侣渡过严冬。"华特这时停下来，着急地看着贝蒂。"你们要面临很多艰难，甚至是致命的。严冬对于雁子是残酷的。虽然那些决定留下来的雁子都认为自己可以应付天气的变化，他们总存着侥幸的心理，觉得恶劣的天气不会困扰他们太久，而且他们也可以随时在想要离开的时候就离开。但是，他们并没有想到当自己无法抵御严寒，想要离开的时候，周围却已经没有雁子的踪迹了。他们总是这么说：'我可以应付这一切，这么一点点寒冷，难不倒我！我是勇敢的。'"

华特转过头，对高玛继续说："然而，说过这种话的人却从来没有成功过。天气越来越冷，比他们想像的要冷得多，当寒风来临时，湖水变冷，湖面结冰，那种环境绝对不是雁子的天堂。"

高玛很怀疑贝蒂是否能撑过去。他记得爷爷说过："看看那些有伴侣的雁子们，他们总是在一起飞，只要他们其中一个心中存在'伟大之翼'的思想，另外一只雁子也能领会这个伟大的意念。也许他们不会同时领会'群雁意识'，但因为他们是伴侣，最后还是会一起飞行。成对的雁子之间存在着一种特别的关系，即使在漫长的一生中。他们有可能会被别的雁子吸引，但是这对雁子终生都会在一起。这种特别的关系在动物王国中是很少见的，这也是雁子和其他动物不同的高贵之处。这种特别力量将单个的雁子结合在一起，从而带给了群雁之首很大的力量。"

高玛一直看着贝蒂，脸上的表情不怎么自然；贝蒂也发现到他脸上奇怪的表情，知道他似乎想问些什么，于是便点头示意他可以问。"你和老八真的会一辈子守在一起吗？"高玛问道。

高玛这么一问，贝蒂竟情不自禁地哭了起来，这也证实了高玛的想法。他知道他们会在一起共同面对选择的。贝蒂现在参与群雁意识训练已经有点晚，这是因为她舍不得老八。现在，她必须先撇开他，好让自己不受老八的影响。为了她自己的成长，她必须停止帮助老八。其实这么做才是真正在帮助他，但这样做也会让老八更容易躲避责任，藏在自己的世界里。

　　当贝蒂哭泣的时候，华特挥挥翅膀让高玛回到爷爷身边。看着贝蒂的挣扎，高玛意识到每只雁子都要完成自身的转变，在这个转变面前是没有任何借口的。只有自己的恐惧和疑惑会阻碍自己。高玛已经消除了自己的借口，现在他准备好要面对接下来要发生的一切。他看到爷爷向他示意，叫他到池塘的岸边。

群雁意识

回到池塘后，高玛问道："爷爷，有关在'较强之翼'那边如何掌握'群雁意识'这件事，我该问谁才好呢？"

"你不能只跟一只雁子讨论，你应该去跟厄尼斯特叔叔和他的伴侣摩妮卡谈谈。他们是最适合你去请教的一对伴侣。"爷爷说。

高玛听了爷爷的话，一路游到湖的南岸去。在路上，高玛心里一直想着这对奇特的伴侣。爷爷说他们是一生的比翼鸟，虽然整个夏天都看不到他们，多半的时间都在忙自己的事，但是只要时候一到，他们就会一起出现，成为伟大的迁徙之旅的成员。

高玛回忆，当他第一次听到比翼鸟这件事时，爷爷告诉他："大部分的雁子只选择一个终生伴侣。当雁子选择了彼此作为终生的伴侣时，这表示他们愿意一起面对一生中的极大的艰苦。虽然过程是艰难的，但是他们也会感受到极大的快乐。"高玛心想，这次见到摩妮卡和厄尼斯特时，一定要好好问问他们有关比翼鸟的事情，同时也要问问他们是如何集中

'群雁意识'的问题。

事实上，高玛仍然对"群雁意识"感到困惑、不解。他一直很肯定地认为自己一定可以从雁因斯坦教授那边学到如何掌握这个意识层面的技巧。最高深的学问当然就要跟学识最渊博的教授学啦，否则还有谁能帮助他呢？

可是，爷爷却要他来找这对"爱情鸟"。"难道他们知道什么秘密吗？还是爷爷这次有点老糊涂了呢？"高玛急于想知道答案，所以他游得飞快。过了一会儿，他已经可以看到这对夫妻在池塘的另一边嬉戏。他们一副很悠闲的样子，不像其他雁子那么忙碌，相比之下，甚至会觉得这对伴侣的态度太慵懒、太消极了，很难让人相信他们能掌握'群雁意识'，帮助雁群达成'万雁一心'。

当高玛靠近他们时，厄尼斯特微笑地看着他，很幽默地问他来这儿是想要抓鱼，还是要探究"群雁意识"。

摩妮卡抢着说："先讨论'群雁意识'，然后我们一起去抓鱼！"摩妮卡抢着接话。然后，她有点犹豫地看看高玛，又改变了主意："不，等一下，有关'群雁意识'……不对！不对！也许我们应该先在岸边找食物。哦，不行，我想我们还是先聊聊'群雁意识'……"

"拜托，搞什么嘛！她根本就没有什么主意！我来这儿是想要弄清楚'群雁意识'，但是她甚至连先做什么后做什么都不清楚。谁不想捉鱼啊？我何必这样自寻烦恼，思考什么'万雁一心'呢？"高玛有点不高兴地想着。

此时，摩妮卡转向厄尼斯特，又说道："先谈谈'群雁意识'吧，厄尼斯特。"

"我知道，但我觉得自己心中的'群雁意识'越来越微弱，这让我很迷茫，不知道怎么办才好。"厄尼斯特坦白地说。

"不要紧，我们先讨论一下，然后再去抓鱼或者去戏水。"摩妮卡说。

"我真的不知道，"厄妮斯特说。他这时把注意力转向高玛，然后问："嗨，你想和我们讨论什么呢？还是你想要留下来玩？"

"喔，天哪！我会被他们俩搞疯。说了这么多，根本毫无头绪。我何必自找麻烦呢？"高玛一边想，一边转头想要离开。

"等等，高玛，"厄尼斯特阻止他离开，"我们可以帮你，但是你必须先保持'群雁意识'，这样我们才可以达到'万雁一心'。我们当然要参与迁徙，但是现在还不是时候，因为雁子们还没有着手准备。"

"那你认为这次我们可以顺利地展开迁徙吗？"摩妮卡问。

现在高玛觉得更加困惑了。他不但不了解他们，也不相信他们可以给他有条理地讲上一堂课。高玛试着重新整理自己的问题。"我想请教你们几个很重要的问题。"

他们两个一起转过来面对高玛，鼓励他继续说。此时高玛才发现他们两个长得很相像。记得爷爷曾说过："当一只雁子和另外一只雁子长时间地生活在一起，他们会慢慢变得相像，这是因为他们的思想进入了和谐状态。双方的关系越和谐，存在于彼此之间的引力作用就越大，经过几年之后，连各自原有的外表都会慢慢改变了。"

　　"你的第一个问题是？"摩妮卡问道。

　　高玛不假思索地背出他的问题。"掌握'群雁意识'是用

理性还是用情感？我应该用脑子去思考，还是用心去感应？我需要一直想着'群雁意识'这四个字，还是要试着感受身为雁群中的一员在飞翔时的感觉？"

"这一共是三个问题，"摩妮卡说，"但是，我想我们只会给你一个答案，是吧，厄尼斯特？"

"当然喽，摩妮卡。一个好答案回答三个好问题！"厄尼斯特说。

摩妮卡给出她的答案："为了能完全理解'群雁意识'的含义，你既需要用大脑去思考，又需要用心去感受，这样才能真正拥有它。"

"当你的嘴巴和肚子里的砂囊步调一致的时候，"厄尼斯特笑着说，"你就得到'群雁意识'了。即便做着最世俗的事情，你也必须掌握正确的思想。你看，高玛，你的身体的各个器官都要和'群雁意识'一致，而你作为一个整体在和它保持同步。"

"你的感觉必须和你的思想达到高度的协调一致。否则，结果就会让人很失望。"摩妮卡说。

"我怎么知道我的思想和感觉已经达到协调、一致了呢？"高玛提出了自己的疑惑。

"这又是一个非常好的问题，高玛。"厄尼斯特说。"亲爱的摩妮卡，你为什么不告诉他如何运用自己的感觉呢？"

"厄尼斯特，我当然乐意帮助他抓住这个想法的精髓。高玛，我要开始说啦！只要你允许你丢掉自我，你就可以找到答案了。"她说得有些吞吞吐吐，看看厄尼斯特，接着又看着高玛。

"在飞行中，无论是身体，还是感受，都不属于你；无论产生了什么想法，也都不属于你；当你在空中翱翔，做着绝妙的动作时，那些兴奋感和奇妙的感觉也不属于你。可以说这些经验都不是你的，但又和你紧密相联。你就像是个安静的守望者，沉浸在自己的身体、思想和感觉里面。你是伟大雁群的一部分，是组成迁徙队伍不可或缺的一员。你是由'伟大之翼'的精髓创造出来的，那个你才是真正的你。'伟大之翼'是你成为你自己的基础。只要'伟大之翼'不灭，无论你是懵懂无知，还是心存焦虑，你永远都是你自己——这个你，不是那只学习如何飞行，整日探究'伟大之翼'和'群雁意识'的小雁子，而是'伟大之翼'的精髓和本性之所在。身为一只雁子，你有能力完成'伟大之翼'所要求的一切。你必须将自己托付给'伟大之翼'，让它带领你去完成你的目标。"

"有的时候，"厄尼斯特说，"通过许许多多的大暴风雨，你的思想和感觉会带你经历漫长的内在探索。你不只是在飞行，'伟大之翼'同时也在利用这个心灵的内在旅程训练你、磨练你，让你可以更完美地表现'伟大之翼'。你个性中较弱的一面会有悖于'伟大之翼'，但你内在完美的一面会时刻地被展现出来，哪怕在你捉鱼的时候。那个捉鱼的动作代表不了，那个捉鱼的身影也不是你。你是一个观察者，冷静地欣赏着大自然之美。"

"现在你想要捉鱼，还是要谈'群雁意识'呢？"摩妮卡问。

突然之间，高玛明白了——不只是通过他的智慧，也不仅通过他的感觉，而是这两者同时存在。他现在意识到了"伟大之翼"的本质其实存在于每只雁子的内心。当他开始伟大的旅行时，自然就会体会得到。一切都是自然而然形成的，所有的事情都会在最适当的时刻发生。此时，高玛感受到不可思议的快乐。他的内心平静极了。

就在此时，一阵凛冽的寒风打破他的思绪。他听到爷爷的声音在风中飘荡。"我们已经达成'万雁一心'了！出发吧！"

开始伟大之旅

高玛又听到爷爷的呼叫："我们出发吧！"爷爷可以看到其他的11个雁群已经在空中了。现在是高玛和他的同伴们在天空中学以致用的时候了，这是决定他们未来命运的时刻。

过去几天高速飞行的练习是令人愉快的，但是现在高玛可以感觉到爷爷的声音中略带着紧张，因为他知道迁徙的时候到了。雁老大正在空中绕圈子，等待着米恩和高雅的加入。

米恩正缓慢地飞过池塘，高雅则跟在后面，飞得非常缓慢。米恩突然加快速度，而他的伴侣高雅紧跟在他后面。飞行队伍井然有序。高玛看到雁老大也在加速，他那巨大的翅膀正有力地拍打着，矫健的双翼，在晨光的映衬下，非常壮观。看到这个情形，高玛现在更能理解雁老大对于雁群的意义，他将独自高速飞行，然后顺着气流变化到自动飞行，好让米恩和高雅跟随在后面。他们三个人将在最佳的时刻带领大家组成队伍，迁徙便由此展开。

高玛很兴奋地看着米恩和高雅一起绕着圈子飞行，慢慢地改变队形和方向。在第一次绕圈子时，他们还没有靠近老大，在调整飞行速度和方向的同时，米恩仰首鸣叫。

第二次时，他们靠得更近了。虽然速度和高度还不完全一致，但他们的飞行渐渐成了一字。

第三次时，他们终于飞在一起了。在高玛眼里，这是他看到过的最美的景象。快要会合的时候他们的速度达成一致。雁老大开始稍稍地转弯，同时，米恩不停的调整自己的位置。他们飞得更加靠拢，他们的翅膀拍打的频率保持一致。

几只雁子在空中划过一条优美的曲线，雁老大飞在最前面。飞在后面的米恩和高雅则拍动着翅膀，在空中盘旋。雁老大开始发光。真是太好了！高玛亲眼看到那个光芒。他真的亲眼看到雁老大散发出的光芒啦！

他们又飞近了一些。之后米恩似乎稍微下滑一些，接着他开始改变速度。就在此时，高雅飞到雁老大的后面。当前面两只雁子减缓速度，并降低高度时，米恩稍稍错后了一点。高雅下降到米恩旁边，当她靠得足够近时，米恩的翅膀开始跟她的翅膀拍打的步调保持一致。

此时，雁子们的翅膀舞动的频率非常和谐，就像是一个小小的海浪从雁子的肩上流过。

高玛以敬畏的心情看着这整个过程，转过头来有点诧异地看到爷爷正用力挥动翅膀起飞，并且发出惊人的鸣叫。高玛看着爷爷慢慢爬升至空中，盘旋滑翔，然后又爬升一点。爷爷摇摆着，示意高玛也飞起来。当他拍动翅膀发出声响时，高玛可以清楚地感觉到自己的心正剧烈地跳动着。他开始试着往前飞，眼睛盯着雁老大看，同时也意识到自己必须在心里想着"群雁意识"。在高玛的脑子里有太多的技巧和知识，可是他却不知道该如何运用，这让高玛感到很受挫，一下变得很沮丧。他决定不顾一切地往上飞，亲自体验一下风的力量。此时高玛看到爷爷用鼓励地眼神看着他，这增加了高玛的信心。

"爷爷就在前头啊！有什么好害怕的？"想到这儿，高玛赶紧拉起身子跟上爷爷飞行的脚步。

"到目前为止，一切都还算顺利。"高玛想。油然而生的成就感催促他更加集中精神。"现在让我专心地想着'群雁意识'，看看会发生什么。"想到这儿，高玛突然感到自己全身充满了力量，同时他也发现自己正用力地拍打翅膀。他知道自己正在加快速度，而爷爷正在前方带领着他。速度再次加快，此时他们处在高速飞行中。两只雁子完成了第一圈的预备飞

翔。

"嗯，雁群！"高玛发现当他正专心地想着"群雁意识"
的同时，另外三只雁子像风一样地从他身边经过。而雁因斯坦
和比尔也赶了上来。

他们完成了第二次绕圈。高玛可以看到雁老大的光芒更炽
烈了。他的翅膀一靠近米恩，飞翔的气流就有所升高。五只雁
子都开始升高，而爷爷又一次盘旋。在他们之后，厄尼斯特和
摩妮卡也起飞了。

在他们完成第三次盘旋之后，突然间，爷爷径直飞到米恩
的下面，改变原来的位置，让高玛进入到他的气流中。这样一
来，高玛就进入到'较强之翼'的队伍了！他成功地被气流接
住，一切进行得非常顺利。先前的那些训练果然发挥了作用，
他克服了自己的恐惧，就这样毫不费力地展翅翱翔了。

"太不可思议了！"高玛不禁感叹。他飞在爷爷后面，随
着气流调整着自己的方向，这一切都自然而然地形成，不费吹
灰之力。雁老大带领'较强之翼'飞到爷爷的前面，飞翔的气
流将爷爷也托了起来。

他们继续在空中盘旋。华特和贝蒂正准备起飞，厄尼斯特
和摩妮卡向他们飞去，将他们接到队伍里。雁因斯坦盘旋了三
周，将比尔引到了爷爷飞行的气流中。厄尼斯特和摩妮卡学着
雁因斯坦的样子，将飞行得较慢的华特也引到了气流中。

贝蒂看起来好像正在犹豫不决。高玛环顾四周，发现老八
还愣愣地留在池塘里玩耍，似乎不准备和大家一起飞。他表面
上看起来很冷静，表现得很镇定，一副酷酷的样子，好像雁子

们即将面临的迁徙和他没有一点关系。他的神情看起来有些怪异。很明显，镇定是强装出来的，他正处于恐惧和痛苦中。

此时，高玛也发现雁群中年老体弱的雁子已经组成了较弱之翼，而且他们正在鼓励老八加入他们的队伍。"去啊，加入他们啊！"高玛在心里喊着。"就算是加入较弱的一边又有什么关系呢？你拥有飞在顶端的潜力，为什么不试试看呢？别再犹豫了，加入队伍和大家一起飞吧！"

他看到贝蒂和华特正在高速飞行，进行第一次盘旋。较弱之翼还没有进入到高速飞行，他们逐渐并拢，组成了队形。老八还呆在原地，但是他已经不再玩耍了。他慢慢地划过水面，抬头看看雁群，又匆忙低下头去，好像在躲避，又好像在考虑事情。

华特第二次从老八的上空盘旋而过，'较强之翼'在加速时同时升高。在华特盘旋第三圈时，贝蒂加入了队伍。华特趁势飞到"较强之翼"的气流里。整个位于"较强之翼"的雁子在同一时间放慢了自己的速度，以便盘旋回来接住"较弱之翼"。

挥动的双翼

　　整个雁群终于形成一个完整的队伍，领队的雁子带着大家绕着湖区飞行一周。在队伍中，每只雁子都把雁群看成一个整体，尤其是飞在最顶端的雁子，对于整个雁群有一种难以言喻的使命感，所以他的集体观会比任何一只雁子都来得深刻。

　　在长程之旅正式开始之前，是适当的热身。整个队伍会围着湖区绕行三、四周，而且飞行高度会有所下降。热身之后，就要展开南下的旅程了。雁子们会连续不断地飞行数天，从黎明飞到黄昏。整个旅程超过一千英里！高玛非常兴奋，这是他有生以来的第一次长途飞行。从他生下来听说了"迁徙"这个字眼，他的心就一直期盼着这一刻！

　　"嗯！雁群！"他可以听到自己不停地重复这句话，同时他意识到自己的位置正随着雁老大的退后而慢慢向前移。现在高雅正在领导着整个雁群。

　　他自言自语道："我现在终于可以理解，为什么说雁群是为了生存才集体飞翔了。嗯！雁群！"他意识到高雅已经从头领的位置退了下来，由米恩带领着雁群用气流接住她。他知道

"伟大之翼"正通过米恩和每一只雁子发挥作用。

"嗯，雁群！"高玛发现自己的意识确实可以带给他意想不到的力量。他深爱着雁群中的每只雁子，他知道每一只雁子都凝聚了天时、地利与人和。整个队伍正处于平静而有序的状态中。

此时米恩开始下降，而高玛开始在心中一遍遍地吟诵"伟大之翼"。他相信自己一定可以做得到。每当他往前移动一个位置，他就感到一股汹涌澎湃的力量，他越往前飞，越感觉整个雁群向他身后移去。"较强之翼"的尾端稍微低下一点，以便接住刚从头领位置退下的同伴。

"伟大之翼"——高玛在内心深处听到这几个字。此时高玛想像米恩就是雁老大，带领大家奋力抵抗暴风雨，想着那可怕的情景，高玛不禁一阵发抖。一股冷风吹过，高玛接着又是一阵抖。一瞬间，"伟大之翼"的想法就从他的心中溜走了，他整个身体也在下落。这状态转变的快得让人接受不了。高玛感到有些疲惫，而且开始觉得紧张，因为他觉得自己无法飞回到队伍中去。就在高玛不知所措的时候，他看到爷爷的身体正在发光。接着他感觉到有股气流在托着他，于是高玛顺势就飞回队伍中。事实上，刚刚是爷爷带领整个雁群，飞到高玛的上面，用飞行的升力接起高玛的。爷爷开始慢慢下降，接着是比尔、雁因斯坦教授、贝蒂、华特、厄尼斯特和摩妮卡。他们跟着爷爷循序后退，然后再慢慢地往前飞。

现在，整个队伍以一个大的人字形绕着湖水飞行。高玛可以看到老八还在湖里漫不经心的打水，他的头压得低低的，一副失魂落魄的样子。这时高玛听到爷爷对着他鸣叫，提醒他要集中注意力，保持住"群雁意识"。高玛回过神来，在心中原谅了老八，同时也原谅了自己刚才的不集中。当米恩开始往下降时，高玛已经重新回到"较强之翼"的队列中，并且全身充满了力量。他将整个雁群放在了心中，挥舞双翼不断地调整自己的位置。他看到雁老大在队首，正高速飞行。身为顶端的雁子，高玛可以看到整个雁群跟他在一起。他再一次地听到爷爷鸣叫。这时高玛要有意识地练习下降，他慢慢降了下来，这次的情况没有第一次那么糟糕。

高玛轻易地被爷爷接起。当雁群做第三次盘旋时，雁群们很快地爬升位置以便开始加速。

现在的飞行弧度更大了，速度尽管很快，高玛也毫不费力地跟上了。高玛的思绪回到老八和贝蒂身上，莫名地对整个雁群产生一阵怜悯。"伟大之翼"又再召唤高玛了，他一使劲，就飞到了顶端位置，不费吹灰之力地接替了米恩的位置。高玛鸟瞰整个湖区，他们正在接近他的老朋友老八，这也许是队伍最后一次接近他。"伟大之翼"。他可以听到这个声音正通过自己的意识。"伟大之翼"。突然间，他仿佛看到自己在恳求老八参加雁群。高玛注意到老八在水里做一些奇怪的动作，于是他改变速度，接着开始下降。高玛知道他必须这么做，他要直接飞向他的朋友老八。爷爷帮助高玛调整雁群的速度，高玛则快速地飞向老八。他必须这么做。当然，爷爷并没有阻止他，只要高玛可以让老八和他一起飞。当高玛一心想带动老八时，他看到老八的翅膀挥动了一下，这表示老八的思想中已经有了"群雁意识"。只要老八愿意，高玛知道他可以把老八带到队伍中。

雁群开始在湖区上空绕圈。爷爷后退到队伍后面。他们将要再一次形成人字形，然后再提升位置。高玛仍然可以看到领队的雁子在发光。

"老八，"他喊道，"你可以看到那个光芒，不是吗？"当高玛靠近他的朋友时，他很兴奋地大叫，"你可以看到那个光芒的，不是吗？"

老八看一看，点点头，然后开始动起来。现在是贝蒂领队，而所有的雁子都感受到她对老八的爱非常强烈。大家都知道老八必须在此时作个决定，不是拍动翅膀加入大家，就是留在原地等死。高玛开始高声鸣叫，催促老八赶快采取行动。

当高玛确定老八的位置时，他提高自己的声音催促老八。他可以看到贝蒂正耀眼地发出光芒。"看着贝蒂，老八。她在发光！你可以看到的！开始行动吧！拍打你的翅膀！快做吧！你看，就是这样！拜托你，快！开始飞吧！"高玛非常着急。

在高玛的催促声下，老八开始动了起来，经过几秒钟之后，他终于飞起来。他们抬头看的时候，贝蒂正在下降。贝蒂之后是华特带领雁群，但他们仍然能看到贝蒂的光芒。华特带领"较强之翼"慢慢下降，准备去接住老八。下一个领队的是厄尼斯特叔叔，之后是摩妮卡，接着就轮到雁老大。他带着整个雁群向这两个正在挣扎的雁子飞回来。

高玛原本还在犹疑老八应该在哪里起飞，但他马上知道自己不需要为这问题烦恼了。"只要盯着雁老大，一切都不会有问题的。"高玛提醒自己。果然，过了一会儿，他就看到这只伟大的雁子，向这两只年轻的雁子飞去。当他们第一次盘旋绕行时，雁老大开始下降，接住了翼尾，紧接着，比尔下降了，教授领队。雁老大挥动翅膀示意高玛跟着他飞回队伍当中。高玛回过头看看老八的情况，老八就紧跟在他的后面。高玛快速地拍动翅膀加速，并且又一次回头确定老八就跟在他后面。

现在轮到高雅带队，她将队伍拉开了些，似乎想让米恩接起高玛和老八。高玛再一次感受到米恩对整个雁群的重要性。在他的心里，可以看到米恩正在领队，而暴风雨无情地攻击他们。然后米恩下降了，很快地他被气流接住。老八和高玛都看到爷爷的身体正发出耀眼的光芒。爷爷以前接住过他，所以他这次也会这么做的。想到这儿，高玛放松了心情。老八和高玛的速度已经可以被队伍的气流接起来了。

高玛突然意识到，他应该下降让老八先飞进队伍里，可是又不知道该怎么做，所以他表现得有点迟疑，身体也因此晃动了一下，飞得不太稳。就在高玛的身体摇晃的同时，老八飞过去跟上米恩的气流。爷爷轻轻地让"较强之翼"的队伍尾端下降，放慢速度接住高玛。高玛也回到队伍中了。现在迁徙可以继续进行了。

大暴风雨

雁群已经持续飞行好几天了，这对每个人都是一个独特的经验，包括老八在内，似乎大家都可以轻易地掌握飞行的诀窍了。"伟大之翼"正顺利地将雁群带往切萨皮克湾。尽管免不了遇上几个小型的暴风雨，但雁老大都带领他们安然地渡过了，这趟旅程出乎意料地轻松顺利。

高玛对于自己的表现非常满意。看到老八和贝蒂能并肩飞翔，他特别替他们感到高兴。他们自己也很高兴。老八和贝蒂现在已经在开始计划冬天的家庭生活了。飞了那么长一段时间，高玛已经开始感到疲倦了，所以他希望能赶快顺利地到达冬天的家。他回想夏天在池塘边所学的知识，现在终于能够亲身体会其他长辈曾经告诉过他，关于"在飞行中往下降时，雁子会觉得非常紧张"这件事。因为每次他在下降时都会有这种感觉。在整个旅程将近尾声时，他感到比以往能更好地理解过去所学的，这是以前任何时候体会不到的。

"有时候在队伍中下降，会让雁子感到很绝望。"他发现自己在移动较强之翼去接老八时，正是想着这个问题。对于高玛来说，身处顶端，并且接住他的老朋友，真的是个难忘的经验。但是，即使他可以轻易做到，他也不喜欢"在队伍中下降"这个想法。当较强之翼接住老八时，他很同情他的朋友老八。

他的心中正在吟诵"伟大之翼"，当他配合着这个想法，和谐地做出动作时，他感到不可思议的力量正在提升。他觉得自己正在经历内在的转化，而且他可以感觉到，其他的雁子会看到他全身发出的光芒。这是个风和日丽的一天，高玛平稳地在风中飞行。

这一路上都没有遇到恶劣的天气，他猜想雁老大的头衔可能会延续。到目前为止，在这趟旅程中遇到的几个不是很严重的暴风雨都是雁老大飞在头领的位置。每当高玛飞得很累，或觉得很沮丧时，只要心中想到有雁老大在，很快就能够恢复精力。

现在高玛的脑子里全是雁老大带领整个雁群平安通过暴风雨袭击的画面，这个景象是如此清晰地呈现，就好像他亲历过这一切。当高玛想到暴风雨时，他的翅膀加快速度，有力地拍打着，整个雁群正以比平常高速飞行还要快的速度往前飞。高玛兴奋地对自己说："太伟大了！我们一定可以比预定的时间提前到达冬天的家。"

每当轮到高玛在队伍的最前端带领整个雁群时，他便会回想雁老大给他上过的课。他一边捕捉那些课程的浮光掠影，一边在心中反复吟诵着伟大之翼。

"当一个巨大的暴风雨来临时，其他的雁群也会陆续加入我们，所有的雁群会排成一个巨大的'人'字形队伍飞行。在雁子的迁徙史中，这算是非常特殊的情况，到目前为止只发生过几次。在遇到紧急情况时采取这个补救措施，将可以拯救不计其数的雁子，还有其他较弱小的雁群。"这是雁老大在飞行前说过的话。

想到这儿，高玛再次感受到全身充满了力量，而且他觉得自己真的看到了雁老大带领着十二个雁群，以巨大的队伍通过一个超大的暴风雨。那是一个壮观的景象。高玛满脑子都是那惊人的一幕，就好像他的意识中充满了伟大之翼的力量感。

当高玛想要告诉雁老大他所看到的，并且问问上次迁徙是否就是这种情况时，他发现其他的雁群就飞在他们队伍的附近。看到这种情况，让高玛觉得有点紧张，之后他就从顶端位置慢慢下降了。

这次的下降，比以往任何一次都不舒服，而高玛心中产生的那股绝望的感觉比他想像的还要强烈。就在高玛紧张的拍打翅膀时，他又看到爷爷的身体发出的光芒。他意识到较强之翼这边的雁子已经准备好迎接他回到队伍当中。

高玛看到飞翔在附近的其他雁群，决定要问问到底还要飞多远才能到达冬天的海湾。"也许我们已经很靠近了，马上就要到达冬天的家了。可能这次迁徙就要到尾声了！"

想到这儿，高玛开始在心中计算距离。"让我想想，我们到底飞过了几百里的水面和湿地了呢？"如果他记得没错，迁徙最后的四十里是一片汪洋。"要飞过这片海洋，应该是很容易的事吧，还是其实不然呢？以前好像听长辈们说过，最后四十里常常会有一些特别的事发生！但究竟是什么事呢？"高玛知道现在不是回忆那些课程的时候，他必须立刻问问。他想，一定有人能告诉他，在这次旅程中最后那个阶段将会发生的事。

"拜托，有谁能告诉我，在这段旅程最后的四十里的事情啊？"他发现自己正在开口问道。

爷爷看看他，点点头开始解释："最后这几十里是很特别的时刻。飞翔在我们附近的那些雁群也在伟大的旅程中，大家会开始接近彼此。这样一来，所有的雁群就可以聚合成为一个巨大的队伍飞行，一个雁群在另一个雁群之中，我们会和其他的雁群一起降落在冬天的家。这是一个特别的时刻，伟大之翼的力量会因为持有群雁意识的雁子的数量增加而提高。高玛，这是一个伟大的时刻。最后四十里是在海洋上。你会被这个集体飞行经验感动，被大家的热情所震撼。'伟大之翼'将引领我们直到迁徙结束。我们一旦飞过湿地，差不多就可以看到切萨比克湾了。到时候，所有的雁子会聚在一起组成一个特别庞大的队伍。"

高玛想了一下。"在最后这四十里路程，难道我们不会觉得精疲力尽？累得半死吗？"

"没错，"爷爷说，"我们的身体会觉得非常累，毕竟我们已经被迁徙折腾好长一段时间了。最后这几天经历的巨大压力，将会使我们都变得很虚弱。但是，'伟大之翼'的精髓反而会在这个时候增强，整个雁群的力量会比以往的任何时候都要强烈。"

　　他们现在正飞近湿地，这块狭长扁平的湿润土地，预示着最后四十里海面的来临。

　　高玛现在已经可以轻易地指挥较强之翼了。看来，这个内在转化的过程已经成为他的第二天性了。这次的迁徙中，其他年轻的雁子也都和高玛一样，学会了如何引领较强之翼，从一只普通的雁子，成功转化为足以独当一面的头领，并呈现出"伟大之翼"的力量。通过这个过程，每一只雁子都将成为领队。高玛现在终于理解爷爷为何会说，一切都会在迁徙过程中自然而然地形成，你不再怀疑自己是如何达成的，你自然就会知道它就是这么达成的。

　　高玛再一次发现自己身处顶端。这个发现让他有一种拥有生命的感觉，他自己很强壮，他能感觉到"伟大之翼"正赐予他力量。他了解此刻经历的澎湃力量并不属于他自己的。他知道他一个人无能为力。每个个体只有在感受了"伟大之翼"的力量之后，才会知道自己的无力，也才会相信个人力量只不过是一个用来作为比照的对象。"伟大之翼"的力量是如此巨大，这让雁子们体会到个体的渺小与无助。"伟大之翼"的力量比他们面对过的任何暴风雨都要强壮，也远比任何雁群的力量伟大。它是整个大自然所赋予的力量。

　　高玛现在正在想像雁群降落在切萨比克湾的景象。在他的心中，他看到所有雁群以巨大的'人'字形飞翔。他可以看到自己带领着雁群降落。这是多么惊人的想法！这时他知道是下降的时候了。他让自己从顶端下降，现在他可以很轻松地做到，过程比先前简单多了也顺利多了。这次，他在自己掌控的范围中，以优雅的姿势下降。当他振翼向下时，又看到爷爷发出的耀眼光芒，之后他被较强之翼轻轻地接住。

当高玛被接起时，他似乎看到地平线那边有团什么灰色的东西，这激起了他的好奇心。他问老八知不知道那是什么。

"希望那不是暴风雨，高玛。"老八说。"这次迁徙已经够多暴风雨了。那两个所谓的小暴风雨就已经够了。每次想到暴风雨，我就好像看见自己飞在顶端位置，然后跌落在暴风雨中。一想到我们还可能会遇上另一个暴风雨，我就觉得很恐惧。"老八继续不停地喃喃自语抱怨着，而且变得很消极。高玛决定再也不要忍受任何消极的情绪，所以他赶紧打断老八的话。

"听着，老八，你的脑子里应该要一直想着群雁意识。让我们呆在队伍之中，好好飞，旅程就快要结束了，很抱歉刚刚问你那些问题，让你分心了。"高玛继续眺望着远方，他开始相信那团灰色的东西真的是暴风雨，而且它正从海面上吹过来。高玛担心雁群是否能在暴风雨来临之前抵达切萨比克湾。此时他的心中充满了疑问，如果暴风雨真的来袭，会是谁飞在领导位置呢？高玛很容易地想到不是雁老大就是米恩领队的画面。只有他们两个有足够的能力在暴风雨袭击时独当一面。高玛在心中默默祈祷着，希望在暴风雨来临的时候，刚好是雁老大或米恩领导大家。

雁子们继续往前飞。此时，十二个雁群已经聚在一起了。这是多么壮观、美丽的景象啊！当他们离冬天的家还有最后几十里的时候，高玛感到较强之翼轻轻地接住了爷爷。高玛停下来问爷爷："爷爷，那会是个暴风雨吗？我有必要担心吗？我们会在旅程的最后关头遇上它吗？也许那只是一些黑云呢，爷爷，会是这样吗？"

爷爷冷静地说："高玛，默念群雁意识，我们就快要到了。"他的话很坚定。"注意，高玛。我们就快要到了，现在我们不能变得消极。尽管想着群雁意识，我们一定能撑过去的。也许我们眼前出现的，的确是个暴风雨，可是，只要我们有足够的信心，我们一定能战胜它的。"

现在是比尔飞在顶端位置，高玛发现他在发光。当他看着比尔飞行时，他也同时注意到另外一个雁群正飞在他们的后下方，接着这个雁群慢慢移进了高玛这一队的'人'字形队伍中，现在两个雁群合二为一了。看到这个景象，高玛显得格外兴奋。他想看看比尔下降的样子。高玛正想着群雁意识，同时看到暴风雨越来越近了。比尔很快就退到队伍的最后面了，现在是雁因斯坦教授在领队。另外一个雁群也在接近他们。

没错！那真的是个暴风雨，而且正接近他们。此时天空乌云密布，风朝各个方向吹着。空气中弥漫着异常的气氛，这让高玛感觉好像要有什么不寻常的事情即将发生。湿地上的茅草被吹得摇摆不定，风也越来越强劲了。虽然还没开始下雨，但是天空已经暗下来了。雁因斯坦教授开始往下降，又有另外三个雁群加入"人"字形队伍，所以现在一共有五个雁群一起飞行，由摩妮卡领队。她正耀眼地散发着光芒，她的身影是如此美妙，不论她在何时飞行都拥有这种气质。她个性温和却又充满力量，她正勇敢地带领雁群一步一步迎向暴风雨。但是，高玛不敢想像在最后四十里，在海洋上方遇到暴风雨会是什么样的情形？

"到时候雁老大应该会在顶端位置吧。"他可以清楚地看到雁老大正笔直地朝着暴风雨冲去的画面。虽然风吹得如此猛烈，但是他对雁老大有十足的信心，在他心里，他能看到在雁老大的引领下，其他雁群正在加入到队伍中来。当第六个雁群加入他们时，雁老大正飞在高玛前方的位置。

当雁群靠近暴风雨时，厄尼斯特正在顶端位置。他们眼睁睁地看着风渐渐变强，几乎有点犹豫，但马上又非常坚定。当暴风雨更强劲时，雁群也变得更为强劲。当暴风雨激烈时，他们的内心也变得更激烈。

厄尼斯特掌握着较强之翼以便能接住摩妮卡。高玛听到爷爷在后面鸣叫着"嗯，雁群！嗯，雁群！""他真是一个完美的典范！"高玛想，那一刻，高玛跟着爷爷一起吟诵。他看着厄尼斯特发光，然后看见他开始下降，现在是贝蒂在领导的位置上。

贝蒂接替厄尼斯特时，第七个雁群随之进入队伍中。这是多么伟大的景象啊！总共有七个雁群，一个包围着另一个，形成一个庞大的飞行队伍，就像一个雁群在飞行，整个天空都是雁子的身影，而且，还有另外五个雁群正在靠近，等待着加入呢。他们正在调整飞行队伍和速度，准备好随时加入大队伍中。雁子们一个接着一个，准备好组成一个充满力量和能量的雁群。高玛知道伟大之翼的力量一定会把大家集合在一起。他确定每多一个队伍加入，雁群的力量就会更强，这将有助于他们顺利地通过暴风雨。

此时高玛的脑中闪过米恩在顶端的样子。他看到米恩成为雁老大，正在快乐地庆祝。他为米恩感到高兴。这时候，他注意到贝蒂正在改变速度开始下降，而华特开始全身发光。现在共有九个雁群飞在一起，又有另外两个雁群加入队伍了。这九个雁群正以惊人的力量飞行，但是感觉上却很轻松。这让高玛想起爷爷说过的，在旅程的最后四十或五十里时雁群集中在一起的威力。他也记得摩妮卡曾说过："当你飞在所有雁群当中时，你会很有安全感，那是一种很平静、祥和的感觉。能在其他雁群里飞翔是非常美丽的。在大队伍中，飞在队伍里面的雁群不需要改变位置，只有在较强之翼那边的领队才需要轮替。"

他们继续在较外面的伟大之翼轮替位置，其中一只雁子将会变成雁老大。在雁群中，完美的伟大之翼正引领着雁群飞往冬天的家。高玛现在非常兴奋，他可以感到自己的力量正在加强。他可以听到自己在吟诵着"嗯，雁群。嗯，雁群！"此时他看见老八、米恩、高雅和雁老大就飞在他的前面，高玛觉得自己可以身处在较强之翼，成为他们中的一员，和这几位优秀的长辈及同伴们一起飞让他感到很骄傲。就在这时，华特摇晃着下降。高玛可以看到十个雁群飞在一起，雁老大在顶端飞翔。

暴风雨正在加速冲向雁群，而他们也在加速迎向它。高玛知道决定雁群命运的时刻就要来临了。暴风雨无疑地将猛烈地撞击他们，而他们会紧紧地结合在一起。暴风雨的另一头就是他们冬天的家。为了到达那里，在雁老大的带领下，他们将用尽全力与之一搏。高玛从未经历过这样危险的场面。内心难免会恐惧。他静静地祈祷着："雁老大，请呆在那里直到暴风雨来临。就呆在那里吧！呆在那里吧！"

高玛意识到如果此时雁老大退后下降，接着将是高雅雁子领队，高玛也完全信任高雅。"高玛想知道，如果轮到高雅任领队的话，她会一直留在那里吗？或者会是米恩成为这次的雁老大呢？"想归想，他知道这一切都要看"伟大之翼"的安排，而顶端位置的雁子只是把自己完全交给"伟大之翼"。不过，高玛还是暗自在心中猜想，这次如果不是雁老大就是米恩会接下这个重任。

暴风雨更接近了，此时第十一个队伍加入他们。天空完全暗了下来，凛冽的风急急袭来。湿地的尽头就在眼前了，强烈的风以不可思议的力量吹打着那些茅草。他感到风越来越猛烈。"这一定是真正的暴风雨！"高玛想。这时他听到爷爷坚定地说："嗯，雁群！"然后看到前面的老八也在大叫这几个字："嗯，雁群！"他可以听到整个雁群和谐地吟咏着。他现在看到雁老大的身上在发光。这个景象实在太震慑人心了！

接着，雁老大下降了，现在是高雅领着十一个雁群。高玛在心中偷偷希望米恩是这次的雁老大。他可以想像米恩带领大家通过暴风雨的模样。高玛觉得很庆幸，不会轮到自己在暴风雨中领队。想到这儿，他不由得松了口气。他非常感谢"伟大之翼"对他的保护和照顾。他也坚信"伟大之翼"会竭尽所能地保护他们，保卫这次迁徙，直到最后一只雁子的翅膀停止振动为止。他知道"伟大之翼"无穷的智慧会看护他们，直到看到他们顺利通过暴风雨。在他小小不安的心里，他很感谢不是由他——高玛，被选在暴风雨来临时担任领队。

高雅雁子这时突然下降，让米恩接替领导位置。此刻，只有十一个雁群飞在一起，第十二个正在加速赶上。暴风雨几乎就在眼前了。那种感觉令人难以置信。力量和能量增加到高玛从未想像过的地步。当他进入群雁意识时，他的心灵产生了一种前所未有的清晰感。高玛看到米恩在领导位置。11个雁群正好像结合成一体在飞行，第十二个雁群正在靠近，此时暴风雨好像越来越猛烈了。还是米恩在头领位置，高玛注意到他的身体不断的发出光芒。正当高玛被这美丽的景象吸引时，他同时也听到老八在吟诵着："嗯，雁群！嗯，雁群！"他非常兴奋。爷爷也在吟诵，整个雁群好像结合成一体飞翔。就在此时，当第十二个雁群到达位置时，米恩下降了。

高玛非常震惊。他几乎不敢相信自己的眼睛。现在竟然是老八在领导整个雁群。老八身上正发出耀眼的光芒！当暴风雨全力吹袭他们时，老八正在领导位置，而十二个雁群齐力飞行，互相融合在一起。高玛吟诵着"嗯，雁群！嗯，雁群！"在他的心中，他可以体会所有的美妙之处了。他为自己的朋友老八高兴，也为伟大之翼拥有的有如史诗般的智慧感到高兴。他也感谢伟大之翼给他勇气和能力去接住他的老朋友老八。现在高玛知道在迁徙开始时，他为何要下降去找老八了。他必须接起老八，因为他即将要成为雁老大。当高玛看到老八正带领雁群面对更为强劲的暴风雨时，他忍不住喜极而泣。

　　然而，就在这时高玛最害怕的事，所有雁子都害怕的事情就这么发生了——老八竟然摇晃着下降了。他竟然在顶端位置放弃了伟大之翼的想法，擅自改变速度下降了。高玛因为害怕而全身发抖，头脑中闪过他上过的所有课程。雁老大曾说过："在暴风雨中，领队的雁子绝对不可以摇晃，也绝不可以失去伟大之翼的想法，否则，全部雁群可能会因此而乱了阵脚，面临无法预测的危险情况。在所有雁群一起飞的时候，领队的雁子无论如何都不可以在暴风雨中摇晃。不论付出什么代价，都一定要撑在顶端位置。哪怕一点点儿犹豫都会造成他身体摇晃下降。不能稍有迟疑，否则……"之前上过的课，一点一滴通过他的脑海。他意识到老八持续摇晃着，而且一直往下降，此时，整个雁群已经开始受到干扰了。

高玛听到爷爷鸣叫的声音："嗯，雁群！嗯，雁群！"而他则在心中喊着："哦，不要！我该做什么？我能做什么？在他心灵深处，他听到了"伟大之翼"。高玛在心中恳求着："伟大之翼，拜托，请给我力量！为了整个雁群，请给我力量吧！伟大之翼。"再一次，"伟大之翼"在他的脑海中回荡。

刹那间，高玛觉得有股不可思议的力量通过他的翅膀，而且再一次在心中听到"伟大之翼"的撞击声。当他想着"伟大之翼"时，他感到自己的力量不断迸发，而且全身的力量愈来愈集中，他可以听到有个清晰的声音在心中不断地回响："伟大之翼！"高玛不停地拍动双翅，祈祷着他的外在及内在都可以保持住"伟大之翼"的想法。

此时，高玛又可以听到爷爷在他后面吟诵着"嗯，雁群！嗯，雁群！"他也可以听到整个雁群高叫着"嗯，雁群！"这个想法一次又一次地进入到高玛的脑中，每当这想法再一次进入他脑中时，他的心似乎更为平静和坚定。他可以听到雁群鸣叫"嗯，雁群！"，配合着这个声音，他听到"伟大之翼！伟大之翼！"一遍又一遍地回响着。高玛觉得全身充满无与伦比的力量，他在心中便可以看到整个雁群的情况。

"伟大之翼"，"伟大之翼"再次回响着。高玛能看到队伍中的每一位成员。高玛发现老八一直在往下降。暴风雨仍然猛烈、无情地吹打着。"伟大之翼！伟大之翼！"高玛知道，如果他继续吟诵，他一定可以完成使命。他知道他可以做到！他听到整个雁群都跟着在吟诵："嗯，雁群！嗯，雁群！"高玛知道此刻伟大之翼正通过他展现力量。当他身为顶端的雁子面对暴风雨时，再度感受到不可思议的力量。

"伟大之翼！伟大之翼！我一定能办得到！伟大之翼！我必须办到！伟大之翼！伟大之翼！"当高玛成为头领的事实已定，他感觉很踏实。高玛开始用他的心灵之眼环顾四周。当他看着雁群时，"伟大之翼"的想法温和地浮现在他的心里，这让他感觉轻松。现在高玛拥有无比的力量，正以一个新的心灵境界去体会伟大之翼。由十二个雁群结合而成的力量，让他更能体会个体的孤单与无力。伟大之翼的力量正通过他的身心去指挥十二个雁群飞行。

在"伟大之翼"的鞭策下，高玛靠直觉就知道该如何指挥整个雁群，完全不用再思考。他心里专心致志地想着"伟大之翼"，他并非刻意去想，这过程就好像是在聆听自己心中的声音一般。他低下头时，看到他的朋友老八正在绝望中摇晃颤抖，挣扎着。此时高玛才惊觉自己竟然还没有接起他。他注意到老八已经离整个雁群愈来愈远了，只是移动一点位置是无法接起他的，该怎么办呢？

同时，老八看到高玛正在发光，展现出一种庄严的美感。身体不听使唤一直往下坠让老八觉得很恐慌，心里着急地想着："完蛋了！我竟然在暴风雨中犹疑不定？！我从顶端坠落了！真该死，我让整个雁群陷入危险的处境当中。哦，拜托，高玛，你一定要维持住伟大之翼的力量！加油！雁群！嗯，雁群！我一定要维持伟大之翼的思想！"老八在恳求自己："让我一定坚持住'伟大之翼'的思想！"他看到他的朋友们在发光，他看见他的朋友高玛在带领整个雁群，他还在恳求着：

"让我维持伟大之翼的思想！雁群，嗯，雁群！"

高玛向下看到老八正在下降，他希望通过伟大之翼的力量吸引老八回到队伍中。高玛知道老八心里还拥有群雁意识。而此时的老八心里正想着："嗯，雁群，我可以看着我的朋友——高玛，正带领着大家通过暴风雨。嗯，雁群，虽然我将离他们远去，尽管我不能和他们在一起，嗯，雁群，尽管我已经掉队，拜托，伟大之翼！拜托，请让我看到他成为雁老大！至少让我看着他，能看多久就看多久。让我看到那个光芒！"老八继续摇晃着往下掉。他看到整个雁群正在呈人字形飞翔。

高玛不断地为老八加油打气，他在心里喊着："撑住，老八！你一定可以看到我的光芒吧！只要你还可以看到我的光芒，一切都还有救的！撑住，我们将飞成一个弧形来想办法接住你，我知道你一直都是雁群的一部分，我知道你拥有这个能力。"高玛很同情老八的处境，那是一种爱的表现，一种对十二个雁群当中的每一只雁子的爱。

不管暴风雨如何残酷地吹打着他们，高玛依旧表现得很勇敢，他毫无畏惧地指挥着整个雁群，一切情况似乎都在他的掌控当中。这一切都自然而然地发生，雁群继续以人字形飞行，他看见了他的朋友老八，他非常关爱老八，希望自己能帮助老八归队。"我一定可以维持在顶端位置。"高玛充满信心地想着，"我要带领整个雁群绕圈。伟大之翼！伟大之翼！"这个想法一直在高玛心里盘旋。他再次感到雁群以人字形飞行——"嗯，伟大之翼！"

老八还在四处张望着，他看到了他的朋友正在发出光芒，他感到雁群终于转向了，现在他担心自己再也不能和雁群一起飞行了，他在一瞬间决定：他起码要看到朋友发出的光芒，他希望看到朋友引领雁群顺利通过大暴风雨的光荣时刻。老八连续吟诵着："嗯，雁群！"暴风雨依然无情地吹打着，而老八也逐渐往海面坠落。此时，高玛带领雁群继续以人字形飞行，老八在一步步往下降。老八低头看了看海面上翻腾的巨浪，恐惧到达了顶点。再抬头看看他的伙伴，老八决定把心思放在高玛身上，以转移自己的恐惧。老八渐渐看不到高玛了，因为雁群已经形成了人字形。此刻风向好像也改变了，雁群离他越来越远了。老八决定继续专心地为高玛祈祷，希望他可以一直飞在顶端。他要继续看着十二个雁群一体飞行。他下定决心，即使自己将要掉到海里去，心中也要一直维持着群雁意识，他一定要和高玛一起庆祝那无比光荣的时刻。老八想着："嗯，雁群！嗯，雁群！"现在，不论遇到什么情况，他也要倾尽所能飞翔。虽然他明白自己已经在迁徙中最关键的时刻犹豫、退缩了，但是他仍然希望自己是雁群的一员。

高玛眼看着老八越来越靠近海面，而且身体比刚刚摇晃得更剧烈，"伟大之翼"此时就像是一个老朋友，在他心灵深处吟诵着，他可以感受到整个雁群在奋力飞行。此时，暴风雨的风向已经稍微转变了，只要老八还能撑下去，高玛下定决心接住他。

老八想："我能撑多久就要撑多久。我多希望自己仍然是其中的一员，尽管在最危急的时刻我掉队了。嗯，雁群，只要我能做到，我一定还可以成为其中的一员。"老八的内心很痛苦，经过几番折腾，他的身体既虚弱又憔悴，"我还能撑多久呢？"老八失望地想着。而他的身体也继续摇晃着往下坠。这种情况让他不得不往坏处想。他想海洋即将就要吞噬他了，死神或许正在翘望着他。

"嗯，雁群！"正当老八觉得绝望时，"伟大之翼"就闪过他的脑海，"高玛，你表现得这么棒，是你把我带到雁群中开始这次迁徙，相信你也一定能成为雁老大来带领雁群完成这次迁徙！我替你感到骄傲，高玛！"

此时，高玛的内心是一片安详、宁静。暴风雨已经到了最后一个高峰，即使强风在他四周猛烈地吹着，他仍然表现得很镇定，安稳地飞在顶端位置。高玛带领着雁群从后面飞近老八，高玛知道老八已经看不到他，也没办法看到整个雁群。同时，他也感受到老八现在既憔悴又衰弱，他必须带领雁群全速前进，以便及时接住他。高玛知道这一切都是"伟大之翼"选择他来完成，而不是他自己能独立完成的。"伟大之翼"会赋予他力量来处理每一个细节，当看见老八继续下降时，高玛仍旧坚守着"伟大之翼"的思想。他拉起雁群，又稍微下降，带领着雁群快速地飞近老八。恶劣的天气和暴风雨一直缠绕着雁群。高玛只能不断地在心中祈祷，希望"伟大之翼"能帮助他们救回老八，并且顺利地通过暴风雨的考验。他不停地听到"伟大之翼"在他心中敲打着强力的节拍。他试着让雁群稍微下降几尺，之后又降几尺，直到他们飞过老八的上方。"伟大之翼"永远在他心中回荡着。

现在，老八抬起头就能看到整个雁群在他的上方。他低头看看近在咫尺的海洋，再抬头看看飞在他头顶上的伙伴们。他看得到高玛身上正发出光芒，这让他的全身顿时变得温暖。"嗯，雁群！"老八试着鼓励自己，他知道高玛一定有办法的。

"老八，如果你可以看到我的光芒，请跟着大家一起大声地吟诵'嗯，雁群！嗯，雁群！'一定要维持住你心里的'伟大之翼'啊！"

高玛在心中鼓励着他的朋友，接着又将队伍往前拉动，并示意整个队伍再一次下降到老八的面前。此时，老八趁着雁群靠他很近的时候，移动到第十二个雁群的顶端位置。身处于第十二个雁群的顶端位置，是最安全又最不费力的地方，老八待在那儿不需要任何的力气。现在，高玛可以强烈地感受到雁群中每一只雁子的存在，当他感到老八已经安全地回到队伍中时，他可以感受得到：雁群的力量又比以前增强了。

高玛听到"伟大之翼"不断地在心中回响，他非常感谢"伟大之翼"这股神奇的力量救了他的朋友老八。此时暴风雨已经不再那么强烈，天气逐渐缓和下来。高玛听到"伟大之翼"正在吟诵，并一刻不停地指挥着雁群。高玛注意到地平线就在不远处，他终于看到陆地了。

高玛率领着雁群飞往岸边准备登陆。他想他的任务就要完成了，他决定改变速度，下降成为较强之翼尾端的最后一只雁子，由爷爷带领雁群平安地降落在切萨比克湾。他们终于战胜暴风雨的考验，迁徙旅程至此终于告一段落了。

雁群大会

雁群大会是迁徙结束之后的一个特殊时刻，因为一起迁徙的十二个雁群都会前来参加。领导十二个雁群通过暴风雨的雁老大，将会在这个无比光荣的时刻，传递重要的心得给大家。所有的雁子都会虚心领受"伟大之翼"借助这位雁老大所传递的消息，并且把它视为未来的雁群成长所奉行的圭臬。

此时的切萨比克湾到处弥漫着节日的气氛，所有的雁子都聚在这里，共同庆祝这个欢乐的时刻。年轻的雁子尽情地跳舞歌唱。即使当中有一些雁子飞在较弱的那边，他们也都一起参加庆典。高玛带领大家通过这场可怕的暴风雨，大家都知道这是件极不平凡的事，而现在正是表扬这只年轻雁子的最佳时刻。所有的雁子都会牢牢记住这个荣光的时刻。高玛知道"伟大之翼"将会借助于他传递重要的讯息给大家，而他今晚将以雁老大的身份在雁群大会上发言。

所有的雁子都会专心地听他说话，而他说的这些话将会留传好几代人，对他们产生极大的影响力。高玛并没有事先为演讲作准备，但他确信自己会很自然地在雁子们面前，表达他内心深处的感想。

虽然知道"伟大之翼"会通过他说话，但高玛还是有些紧张。他提醒自己："伟大之翼"会告诉他如何表达，智慧和知识将会自然而然地从他的内心深处浮现，准确地传递给雁群，并且感动他的朋友们。

这场雁群大会是由爷爷主持的，理事会则是由十二位雁老大组成。这些雁子都是去年迁徙中脱颖而出的雁老大，现在被邀请坐在最前排的位置。

雁群大会尚未开始进行，高玛就被要求站在所有雁群的最前头，让其他雁子一个接着一个地走过来，尽情向他表达谢意。大家都由衷地感谢高玛让伟大之翼通过他展现出伟大的力量。

高玛很开心地环顾四周，他看到摩妮卡和厄尼斯特正在一旁跳着他们独特的舞步。他们拍打着翅膀，以无比和谐的节拍旋转舞动。而比尔则凑热闹似的，以他那闻名的鸣叫声呼啸着飞过整个会场。教授平和地示意他飞回地面上来，因为雁群大会即将要正式召开。高玛觉得自己的心跳急剧加快，紧张的情绪也一下子升到了最高点。

高玛看着十二位雁老大在爷爷带领下，排成一个'人'字形队伍。高玛则被引领到'人'字形的中间，而其他的雁子另外组成一个长长的'人'字形排在他后面，直到会场边缘。这真是难得一见的特殊景象。所有的雁子让出一个足够的空间，好让高玛站在巨大的'人'字形中间。爷爷开始说话了，整个雁群也慢慢安静下来。他停顿了一下，等待雁群完全安静下来才继续说下去。

　　"能在此代表十二位雁群的领袖主持这次的会议，我觉得无比荣幸，谨代表十二位雁群的领袖，请大家务必遵守会场秩序。这是一个无比光荣的时刻，同时我也感谢大家给我这样的机会让我在此主持会议。我们的第一个议程就是授予'雁老大'的头衔，'雁老大'是由"伟大之翼"挑选出来，带领整个雁群通过暴风雨袭击的雁子。"爷爷转头面向高玛。"这次共有十二个雁群一起飞行，我们将以十二个雁群的共同名义授予你最高的荣誉——'雁老大'的头衔。各位女士、先生们，授勋仪式现在正式开始。"

　　这时，前任雁老大走上前来对着高玛说："我将拿回我原来的名字——迈克尔，并在此光荣地将我的'雁老大'头衔转献给您，高玛先生。"他尊敬地低着头，雁群中所有的雁子不约而同开始拍打翅膀，激动鸣叫着。迈克尔自豪地走回自己的位子。接着，另外十一只雁子走向前来，按顺序将他们的头衔奉献出来，取回他们原有的名字。每一位前任雁老大在卸任的时候，都向现任雁老大深深一鞠躬，而其他的雁子则同时高声鸣叫并用力拍打翅膀。

　　当第十二只雁子走上前时，所有的这十二只雁子一起鸣叫起来。当第十二只雁子鞠完躬，回到原位时，鸣叫声达到了高潮，几乎震耳欲聋。

　　此时，爷爷举起翅膀，示意所有雁群安静下来。"按照惯例，较强之翼的每一只雁子都要走到前面来向雁老大表达个人的感谢之意。不过，这次的迁徙不同于以往，所以我们将不这样做。我明白每只雁子都想要亲自跟雁老大表达谢意，但是这次在正式的会议上，我们将只听高玛所属的雁群表达谢意。"

迈克尔，即前任雁老大，他率先走向前一步，对着新任的雁老大——高玛说话。"你学得很好，好到都可以教我的水平了！可以跟你一起飞行我感到很荣幸。因为你坚定的决心与勇气，我们今晚才得以站在这里庆祝。"迈克尔说完之后退了下去。

接着雁因斯坦教授走上前来。"啊，雁老大，"他清清喉咙，环顾四周的雁子后继续说，"这真是值得纪念的一刻啊！你在最完美的时候，在最完美的地点，做了最完美的事。我很骄傲我曾经教过你，而你学以致用的能力更让我钦佩。让我记忆深刻的是，你懂得灵活运用曾经学过的知识，这一点是其他雁子所不能比的。能与你一起飞行，我感到很骄傲。"话说完，教授便恭敬地向高玛行一鞠躬，然后很调皮地拍拍翅膀，退回到雁群中。

接着比尔迎向前来。"高玛，喔不，雁老大！对不起，现在跟你说话，我竟然有些紧张。在这之前，我跟你说话从来不紧张的。"他停了一会儿，好像不知道该说什么似的。高玛微笑地看着他，然后比尔说："我只希望自己仍然是你的朋友。"比尔向高玛鞠躬，而高玛也毕恭毕敬地回敬他。然后比尔走回雁群中，感动于他们不变的友谊。

华特走向前来。"谢谢你，雁老大，你并没有像我们大多数人一样，随便找个容易的借口推托。谢谢你在紧要关头发挥出了你的潜能，将我们从灾难中拯救出来。相信参与这次迁徙的每只雁子都会永远感激你为我们所做的一切。非常感谢。"
他鞠了一躬，走回雁群中间。此时的空气中弥漫着感恩的气
息。

摩妮卡和厄尼斯特一起走向前来，他们各伸出一只翅膀，
好像两个人是一体的。摩妮卡伸出她的右边翅膀，厄尼斯特伸
出左边的翅膀，他们一起向高玛鞠躬。"生命是喜悦的，飞行
也是一件令人愉快的事，能和你一起飞更是令人高兴。我们永
远都感谢您！"他们鞠完躬之后，一起走回雁群中。

轮到强壮的米恩走上前来。"你的勇气和力量激励我飞得
更高、更远、更快，这是我从未到达过的境界。因为你的勇
气，我今晚才能站在这里庆贺。人的力量令人觉得不可思议，
我们大家都亲眼看到了你的蜕变。在迁徙过程中，你所经历的
一切使你身体变得强壮，也使你的内在变得更加成熟。能跟你
一起飞真令人觉得骄傲！"接着他深深一鞠躬，然后很骄傲地
走回雁群中。

接着高雅出现了，她依然那么优雅迷人。"先生，虽然你
的称谓已经改变了，但是你的心地依然那么善良可爱。在此，
我要对你表达我的尊敬及感激之意。谢谢你如此真诚无私地奉
献。你的善良打动了我，而你的勇敢感动了我的灵魂。"她的
脸微微红润，深深地一鞠躬，然后慢慢地转身走回雁群中。

接下来是贝蒂跟老八一起走上前来。眼泪一直在贝蒂的眼
眶里打转，在她和老八一起向高玛鞠躬时，泪珠终于滑下她的
眼角。高玛知道他们会是一生的伴侣，能够看到他们一起站在
这里，让他感到激动极了。贝蒂的情绪显得有些激动，不过她

还是断断续续地说："真不知该如何向你表达我的感激，以我最真诚的心，谢谢你为我们俩所作的一切。"

老八接着说："谢谢你，谢谢你，谢谢你。除了感谢，我不知道我还能说些什么来表达我此刻的心情。经过这次迁徙，我对你的喜爱、敬意和感激将永不停止。你坚强的意志力拯救了我。我比任何人都要感激你，再一次谢谢你！"接着老八开始拍打翅膀，并且高声地鸣叫，其他的雁子也一起加入阵容，给予高玛最热烈的喝彩声。高玛只能害羞地点点头，接受着大家的赞扬。

过了一会儿，爷爷走上前来告诉高玛："作为雁老大，你应该对他们刚刚说的那些话作出回应了。"

这时高玛清清喉咙，开口说话了。"我所做的一切，就是让'伟大之翼'通过我来表现出来，代表'伟大之翼'逆风飞扬。迈克尔，能够从你手中接过雁老大这个头衔，就好像我从另外十一位雁老大手中接下一样，我觉得非常地光荣。你们这十二位都已经表达了各自的谢意，而你们代表了整个雁群。看来我真的应该对我的雁群有所回应。首先我要说明的是，我所做的一切其实是你们当中的任何一位都可以办到的。它之所以会发生在我身上，是因为我愿意将我个人的飞行能力转化为另一种比我们自身还伟大的力量。"

"老八，尽管你在暴风雨来临的时候从顶端降落，我也从来没认为你已经坠落了。我一直告诉自己：身为雁群中的一员，我有责任把你接回队伍中。虽然当时你已经渐渐对自己失去信心，但是我没有。我知道你一定可以办得到。这是"伟大之翼"带领我们完成迁徙的方法。飞翔并没有完全操控在我们自己手中。其实,当时如果是你们飞在我的位置上,你们中的任何一位都可以做到我所做的。我承认并且感谢是'伟大之翼'的力量带领我们顺利完成迁徙。"高玛这时停下来,整个雁群开始鼓掌。

"我希望表达我个人的谢意,谢谢你们每一位和我并肩飞行,冒着生命危险来到冬天的家。我对你们每一位表示尊敬、感激和无限的爱。"当高玛说这些话时,他心里一边想着自己还该说些什么。会场突然安静了下来,高玛转而面对自己心中的"伟大之翼"。安静中,他听到了在他内心深处正在吟唱着的"伟大之翼"!

有一些雁子发现高玛开始发光。他们想起"迁徙"和"群雁意识"仍然在他的心中。高玛感到自己正在改变。他从吟诵中感受到力量和能量。他开始在雁群前面来回踱步,示意后面的雁子走到他前面。这时他说话了。

"在迁徙的最后几百里遇上暴风雨,并不是偶然发生的事。像这么重要的事,绝对不是偶然发生的。原本我们分属十二个不同的雁群,每个雁群分别拥有各自不同的传统,现在是我们该团结起来,结合为一体的时候了。我们应该团结一致去学习协同飞行。几百年来,雁群一直在迁徙,也唯有在迁徙的时候,所有的雁子才能和谐地一起飞行。在经历了恶劣的气候以及暴风雨的侵袭之后,我们才能发掘自己内在的潜能。我们一直教导小雁子:作为一个'雁老大',就是要克服巨大的逆境。我们让季节迫使我们学习高速飞行和自动飞行。这些技

巧已被运用了几千年，但我们总要等到逆风吹来时，才去改变我们的飞行方式。几百年来，我们相信只有在迁徙前才能达到'万雁一心'。我们相信只有当秋天变成冬天，凛冽的风吹乱我们的羽毛时，我们才能融合成为一个巨大的雁群。我们专注在价值的不同，而不是我们的共同点。"

"当然，十二个雁群一定都会表现出各自不同的价值，但是大家有没有想过，如果将十二个雁群结合在一起，那将会是一个多强大的群体啊！在这个群体中，每一个雁群都很重要；每一个雁群都各自表现出独特不凡的价值；每一个雁群都会在适当的时候，飞在适当的地方。这对每一个雁子的个体又意味着什么呢？这对于一只怀疑自己的飞行能力的雁子又有什么意义呢？当你看到你的价值适逢其所，而每一个价值都运用在适当的位置上时，你将不只会了解它们，而且会完全理解它们对你的重大意义。到时候，你就会准备好运用那些上天赋予你的技巧，勇敢地直面逆境。最后，你所拥有的力量将不会害怕任何暴风雨，整个雁群的方向也会因为你的想法而改变。十二个雁群，也正代表了十二个不同的珍贵价值。"

"第一个雁群表现的是诚实。对自身的力量保持诚实，就是承认自己的无力。我们对自己的能力诚实，也就是对'伟大之翼'的能力诚实。"

"第二个雁群代表了梦想。是一种认为我们自己可以达到高速飞行的梦想，正是'伟大之翼'会带领我们飞往冬天家园的渴望。如果我们对自己的未来失去了梦想，同时也表示我们将永远无法升空。没有了梦想，等于自己放弃了与生俱来的飞翔能力。而这个梦想又基于我们对'伟大之翼'的信仰。"

"因此，第三个雁群代表信仰。没有信仰，我们就永远无法振翅飞扬，也不会有足够坚定的意志力将自己托付给'伟大之翼'。当我们真诚地去践行信仰时，'伟大之翼'的精髓就会引领我们飞逾万里。"

"第四个雁群代表了勇气，这个价值会以很多种形式表现出来。检视自我现存的价值观是需要勇气的；在飞行队伍中运用自己的优点，以及坦白自己的弱点也需要勇气；看清楚自己是谁，更需要勇气。"

"第五个雁群代表了信任。以我自己为例，为了能与雁群一起在队伍中飞行，我必须信任爷爷，并且承认了自己的弱点，才能在队伍中飞行。爷爷比我自己清楚，在我的成长过程中，我需要学习哪些课程，我会遇到哪些困难。他知道我该在什么时候去上哪些课程，而他总是耐心地慢慢教导我。"

　　"为了学成这些课程，我需要有第六个雁群的加入。第六个雁群代表的是意志力。我需要意志力去改变我的缺点，并且接受群雁意识训练。"

　　"同时我也需要代表自动自发的第七个雁群。我殷切地希望你们每个人在此时都已经了解——伟大之翼的本质本来就在每个人的心中，并且做好要改掉自己缺点的心理准备。你们现在可以看到我在发光，是因为群雁意识从来没离开过大家。这么多年来，认为群雁意识会在迁徙结束之后离开的想法其实是个错觉。我诚恳地请求你们和我一起祈求'伟大之翼'可以把存在于我们意识中的'自我设限'消除，这么一来，即使没有那些痛苦的经验来激励我们，我们也同样可以享受到自动飞行和高速飞行的好处。负面的、消极的思想会阻碍万雁一心的形成。为了达成万雁一心，我们必须坚持保有群雁意识。"

　　"第八个雁群代表了宽容。我恳请你们理解，'伟大之翼'的精髓始终都在每只雁子身上，我们和大自然是统一成一体的，是的，每只雁子都拥有'伟大之翼'的本质。每次当你对群体中的其他雁子发火，伤害他，或对他心存恶意时，也就等于否定了'伟大之翼'。我恳求你们能及时忏悔那些你曾经有过的错误想法。"

"第九个雁群代表忏悔。你从'伟大之翼'身上无法失去或获得任何好处。同样地，你也不能从另外一只雁子身上得到或失去任何好处。只要你能了解这一点，忏悔就不会是件丢脸的事情，反而会成为一种荣耀，一份传达爱的工作。伟大之翼是对另一个人给予无私的付出。更重要的是，通过忏悔，你还可以学习原谅。这就是我们的第十个价值。"

"不论另外一只雁子如何为恶，或是曾经如何伤害你，如果你都能原谅他的话，你就给'伟大之翼'奉献出'无私的爱'这份礼物了。这个伟大的行为将会得到丰厚的回报。这种回报让你不得不怀疑你怎么可以不去原谅你的同伴们。这份爱的力量是如此伟大，超出你可以想象的范围，这份爱就是你的，它一直在你的心灵深处等待着你去原谅。所以请原谅曾经伤害过你的同伴，原谅你自己曾犯过的错，'伟大之翼'的精髓便一直与你同在。"

"第十一个雁群代表了你的精神层面。请你在生命中的每一天都保持着'群雁意识'。从现在开始，对你身边的同伴就持有和谐一体的态度。只要你愿意这么做，你自己心中的'伟大之翼'的精髓就会不断增强。它会带给你快乐与和平，也会让你了解万物的创造者和你其实是一体的。你也会意识到幸福与平和会常存于你的心中。你就是'伟大之翼'创造的，平和只可能来源于你的心灵深处。"

"我们最伟大的能力就是通过原谅带来和平。你就是'伟大之翼'的重点。当你和内在的'伟大之翼'共处，并且和它的意志达到和谐的状态时，你就会找到终极的快乐。伟大之翼就是爱的展现，有了爱，雁子们才会感觉快乐。你可以和你的伙伴们分享所有的快乐和爱，你可以在'伟大之翼'的怀抱中歇息，懂得这些，你就会明白你应该为其他的伙伴奉献，把这些消息传递给你的同伴，并且通过它实践着自身所拥有的这些美德。"

"第十二个雁群代表了服务的意义。当你愿意成为'伟大之翼'的一员，愿意承认自己和'伟大之翼'是一体的，你就可以通过伟大之翼的力量去为你的同伴服务。"

"你们当中大多数人可以看到我正在发光。我希望你们所有人都可以一起和我学习这份知识。今晚我已经将要传递的知识都给你们了，你们可以因此得到高速飞行和自动飞行的能力。请相信自己，改变飞行方式的能力一直都在你们身上，一切都要看你自己是否愿意虚心地接受这一切。这个过程其实很简单。"

"第一，你必须承认，如果没有'伟大之翼'的帮助，你自己是无能为力改变飞行的方式的；第二，你必须相信，'伟大之翼'会以非常个人的方式来回应你；第三，你必须了解，对于飞行的自我限制会让你觉得恐惧、紧张——会让你在飞行中感到不愉快。因此，你不能再为自己找借口，你必须放弃那些阻碍你飞行的想法。"

"第四，你必须改变那些自我设限的信仰体系。当你享受高速飞行的同时，你必须完全改变自己原来的信仰体系，好为永久的飞行铺平道路。你必须坚定地迈出你的步伐，必须放弃你固守的意志力和错误的信仰体系，要求自己从内心发生改变。"

"第五个，也是最后一个要考虑的就是——原谅。原谅曾经伤害过你的人，原谅你自己曾经犯下的错误，和那些你曾受到过的限制。完全地原谅自己，并且让'伟大之翼'在你心中完全展现。"

"当你彻底了解这五点，你会了解到，你正与雁群中的每个个体和谐相处。你不需要靠迁徙或是一个大暴风雨来创造出种力量，你不必通过大暴风雨成为雁老大，因为这些力量一直都是跟随着你的。你只需达到完美的和谐，让'伟大之翼'来为你展现。当你这么做的时候，你的飞行方式就会有所不同，你将会惊讶地发现，你的飞行速度和飞行距离都有了不可思议地转变。"

"接下来的两个阶段会自动发生。这是一个用眼睛观察和用心灵体察的过程。当你开始展翅飞翔，你就会很清楚自己想要去哪里。伟大之翼将会引领你到达你想去的任何地方，你不需要顾虑外在的飞行环境。用心感觉你要去的方向，并没想自己正以破记录的速度到达那里。你必须在心灵深处想像自己创造的未来，你想要的飞行方式，以及你要到达的那个地方的景象，然后试着想像自己到达目的地时会是什么样的感觉。'伟大之翼'会掌控这一切，带你去任何你想去的地方。"

"现在，让我们一起做个约定。请大家务必相信，'伟大之翼'会给予我们期待中的飞行能力；务必相信，'伟大之翼'会赐给我们为了完成飞行所需要的任何东西；务必相信，在我们需要之前，'伟大之翼'就已经给予了我们那些必需但我们现在还不知道的东西；务必相信，在完美的和谐状态中，'伟大之翼'会给予我们必要的飞行能力。我要求你们跟我一起无私地奉献自己，让自己成为其他雁子跟随的最佳典范，让伟大之翼通过我们，显露出不可思议的力量来。"

"尽情享受生命中的每一天吧。"

"尽情飞扬，积极地去追求你想要的。"

"尽情往前闯吧！"

"尽情实现你的理想！"

图书在版编目（CIP）数据

伟大之翼/[美]路易斯·A·塔塔格里亚著；李京平译.—北京：
华艺出版社，2008.34
ISBN 978—7—80142—838—7

Ⅰ.伟…　Ⅱ.①路…　②李…　Ⅲ.成功心理学—通俗读物　Ⅳ.B484.4—49

中国版本图书馆CIP数据核字（2008）第052108号
著作权合同登记号：图字：01—2008—3697

伟大之翼

作　　者：	[美]路易斯·A·塔塔格里亚
译　　者：	李京平
责任编辑：	刘泰　海涛　史宁
出版发行：	华艺出版社
社　　址：	北京北四环中路229号海泰大厦10层
邮　　编：	100083
电　　话：	82885151
印　　刷：	北京东海印刷有限公司
开　　本：	880×1230　　1/32
字　　数：	70千字
印　　张：	4
版　　次：	2008年8月第1版　2008年8月第一次印刷
书　　号：	ISBN 978—7—80142—838—7/I·396
定　　价：	22.00元